Gentileza gera gentileza

CHRIS ANDERSON

GENTILEZA GERA GENTILEZA

O PODER TRANSFORMADOR DA GENEROSIDADE
NAS EMPRESAS, NA VIDA E NO MUNDO

Tradução:
Tiago Lyra

principium

Copyright © 2024 by Editora Globo S.A.
Copyright © 2024 by Chis Anderson

Todos os direitos reservados. Nenhuma parte desta edição pode ser utilizada ou reproduzida — em qualquer meio ou forma, seja mecânico ou eletrônico, fotocópia, gravação etc. — nem apropriada ou estocada em sistema de banco de dados sem a expressa autorização da editora.

Todos os direitos reservados. Nenhum conteúdo desta obra pode ser reproduzido, independentemente do formato.

Este livro foi publicado mediante a acordo com a Crown, selo da Crown Publishing Group, uma divisão da Penguin Random House LLC.

Texto fixado conforme as regras do Acordo Ortográfico da Língua Portuguesa (Decreto Legislativo nº 54, de 1995)

Título original: *Infectious Generosity*

Editora responsável: Amanda Orlando
Editor assistente: Rodrigo Ramos
Assistente editorial: Isis Batista
Preparação: Pedro Siqueira
Revisão: Luisa Tieppo e Mariana Donner
Diagramação: João Motta Jr.
Ilustrações: Liana Finck
Capa: Renata Zucchini

1ª edição, 2024

CIP-BRASIL. CATALOGAÇÃO NA PUBLICAÇÃO
SINDICATO NACIONAL DOS EDITORES DE LIVROS, RJ

A561g

Anderson, Chris
  Gentileza gera gentileza : o poder transformador da generosidade nas empresas, na vida e no mundo. / Chris Anderson ; tradução Tiago Lyra. - 1. ed. - Rio de Janeiro : Principium, 2024.
  304 p.; 21 cm.

  Tradução de: Infectious generosity: the ultimate idea worth spreading
  ISBN 9786588132548

  1. Generosidade. 2. Mudança (Psicologia). I. Lyra, Tiago. II. Título.

24-92930

CDD: 179.9
CDU: 179.9

Gabriela Faray Ferreira Lopes - Bibliotecária - CRB-7/6643

Direitos exclusivos de edição em língua portuguesa para o Brasil adquiridos por Editora Globo S.A.
Rua Marquês de Pombal, 25 — 20230-240 — Rio de Janeiro — RJ
www.globolivros.com.br

Para aqueles que se doam e aqueles que vão se doar.

SUMÁRIO

INTRODUÇÃO 9

PARTE I — POR QUÊ
1. Por dentro de um contágio 23
2. A aldeia infinita 33
3. Generosidade imperfeita 53
4. Superpoderes secretos 65
5. Experimento Misterioso 83
Pausa para a gratidão 93

PARTE II — COMO
6. Seis maneiras de doar que não têm a ver com dinheiro 101
7. Catalisadores de contágio 131
8. Passe adiante 151
9. E o dinheiro? 169

PARTE III — E SE?
10. A internet que desejamos 193
11. A brilhante medida que as empresas poderiam adotar 217

12. O verdadeiro potencial da filantropia 227
13. O compromisso que pode mudar tudo 247
14. É com você 265

EPÍLOGO 275
AGRADECIMENTOS 279
BIBLIOGRAFIA 283
NOTAS 289

INTRODUÇÃO

Nunca passaria por sua cabeça que um aglomerado de átomos, pesando menos de um trilionésimo de grama, pudesse ser tão relevante. No entanto, um desses aglomerados, depois de uma pequena mutação, entrou em um corpo humano no final de 2019, desencadeando uma série de eventos que matou mais de sete milhões de pessoas no mundo e paralisou a economia mundial.

Entre as muitas lições da pandemia de Covid-19, esta é uma das mais contundentes: não é preciso ser grande para ser poderoso. É preciso apenas ser *contagiante*.

Qualquer coisa capaz de se replicar pode ter um impacto imprevisível. O grupo do coronavírus se replica fugindo do sistema imunológico humano, criando bilhões de cópias de si mesmo e, em seguida, fazendo com que essas cópias sejam, por tosse ou espirro, lançadas no ar que outras pessoas respiram.

Mas há muitos outros tipos de contaminação.

Quero convencer você de que um desses possíveis contágios na verdade poderia mudar o mundo para melhor. Seu nome? *Generosidade*. Se descobríssemos como tornar a generosidade realmente contagiante, ela seria capaz de mudar o rumo de nosso mundo cada vez mais dividido e dar início a uma nova era de esperança.

Generosidade? É sério?!
Sei que é uma palavra inusitada. Um pouco antiquada, talvez. À primeira vista, parece uma força muito branda para ser empregada nos desafios que enfrentamos. Você pode ser generoso à vontade como indivíduo, mas de que forma seus gestos e esforços individuais bem-intencionados podem ser relevantes?

E essa é justamente a questão. Eles podem ser relevantes. Qualquer ato de generosidade pode ter um impacto extraordinário *caso* saia de seu isolamento e se torne contagiante. Com ajustes aqui e ali, esses atos podem mudar vidas. Este livro vai lhe mostrar como.

O potencial de propagação da generosidade se baseia em dois fatores-chave: a natureza humana e a hiperconectividade da era moderna. Nos capítulos a seguir, vou descrever de que maneira traços negligenciados, que são arraigados em todo ser humano, podem se combinar, criando reações em cadeia de comportamentos generosos. E como esse efeito cascata pode ser turbinado através da internet, criando um impacto capaz de mudar o mundo.

A internet é conhecida por promover contágios de todos os tipos, desde memes nas redes sociais até marketing viral. Como se fossem vírus, os seres humanos na internet são como vetores de propagação. Em vez de se replicarem no nariz e nos pulmões, palavras e imagens se acendem no nosso cérebro, fazendo com que cliquemos em "curtir" ou "compartilhar".

Infelizmente, muitos dos contágios propagados nas redes não são saudáveis. Alimentadas por modelos de negócios com base em anúncios, que buscam prender as pessoas à tela, as plataformas de redes sociais transformaram a internet em uma máquina de gerar indignação. Em vez de vermos o melhor que há em cada um de nós, frequentemente vemos o pior, e isso nos afasta uns dos outros.

Esse problema não vai escapar da minha análise. Assim como muitos outros, eu tinha o sonho de que a internet unisse as pessoas. Não estou disposto a abandonar esse sonho. Acredito que existe um caminho para reaver uma internet mais saudável, em que a generosidade contagiante desempenha papel de destaque.

Na verdade, este livro está ancorado em dois temas complementares: *a internet pode turbinar a generosidade* e *a generosidade pode transformar a internet*. Um tema alimenta o outro. Se pensarmos na internet como uma multidão de estranhos assustadores e desumanos prontos para nos julgar e nos explorar, vai ser difícil vermos somente boas intenções. Mas se as pessoas não se esforçarem para se conectar umas com as outras no espírito da generosidade, a internet não vai ser capaz de cumprir seu potencial para o bem. Hoje em dia, é tentador descartar a internet, dizendo que não passa de uma espiral descendente de toxicidade. O que é absolutamente necessário é iniciar um ciclo ascendente, no qual uma versão mais generosa da humanidade mostre mais a cara e inspire as pessoas a fazer sua parte para o bem comum.

E isso, para mim, é urgente. Estamos começando a ver nosso mundo ser virado de cabeça para baixo pela inteligência artificial. E adivinha qual é a fonte do poder da IA? A internet. Em sua essência, as melhores IAs são projetadas para assimilar a totalidade do que os humanos puseram na internet e criar modelos preditivos. Nós queremos confiar em uma IA treinada com base na internet atual?

De jeito nenhum! Corremos o risco de amplificar muito do que é perigoso. Se conseguíssemos encontrar uma maneira de tornar a internet mais gentil, mais generosa e positiva, o impacto em nosso futuro seria incalculável não só de maneira direta, mas também promoveria uma base mais saudável para a IA.

Parece absurdo imaginar que nós, seres humanos, com todas as nossas imperfeições, sejamos capazes de superar os males da internet: divergências, desinformação, coleta de dados, vício, insegurança fomentada pelas redes sociais e muito mais. Eu entendo. Mas convido você a deixar de lado o julgamento por um instante. Há coisas notáveis acontecendo bem debaixo do nosso nariz. Vale a pena conhecê-las.

Além disso, *precisamos* enfrentar esse problema. Não vejo outra opção. Nosso futuro como um todo está em jogo. Paradoxalmente, a própria urgência do problema pode nos ajudar. Quanto maior a sensação de crise, mais os seres humanos mudam do *eu* para o *nós*.[1] Vivemos um momento em que as pessoas estão *muito* preocupadas. A meu ver, isso também significa que estamos desejando coisas que possam nos unir.

A boa notícia é que os ingredientes para uma generosidade contagiante estão aí para todos verem. O mais simples e corriqueiro ato de bondade humana, por exemplo, tem agora o potencial de se espalhar como nunca antes.

Considere a seguinte história: Você está em seu carro, parado em um cruzamento, quando cai uma tempestade. Você vê duas pessoas encharcadas na calçada. Uma delas está em uma cadeira de rodas. Então você desce do carro, corre até elas e lhes dá o seu guarda-chuva. Não há dúvida de que atos assim, entre pessoas que se encontram na rua durante uma tempestade, já aconteceram inúmeras vezes ao longo da história. Pode parecer banal.

No entanto, quando isso de fato aconteceu em Washington, em 2022, uma pessoa em outro carro gravou tudo. Ao ser postado, o vídeo atraiu milhões de visualizações e mais de 90 mil curtidas no Reddit.[2] Os comentários de espectadores inspirados por aquilo se espalharam: "Eu quero ser como ele." "Isso me dá esperança." "Se fosse comigo, eu sentiria um desejo enorme de retribuir." "Vou passar a levar um guarda-chuva extra comigo."

Um ato que antes da internet teria relevância para apenas três pessoas acabou inspirando uma multidão.

Mas esse caso é apenas um exemplo da generosidade contagiante. Há inúmeras outras maneiras de despertá-la. Todos podem fazer alguma coisa que tenha *potencial* para se espalhar: um engenheiro aposentado postando instruções valiosas no YouTube. Um artista compartilhando um trabalho provocador e encantador. Um ato de coragem humana que inspira milhões de pessoas nas redes sociais. Uma empresa oferecendo cursos gratuitos sobre determinado assunto em que tem experiência. Um cronista dando destaque a uma causa importante que pode ser financiada em grupo. Ou simplesmente alguém que acorda sentindo gratidão por algo em sua vida e decide retribuir, provocando uma reação em cadeia on-line.

CRIADOR DE TENDÊNCIAS

Como diretor do TED nos últimos vinte anos, tive uma visão privilegiada de muitas das descobertas, invenções, tecnologias e ideias mais importantes do mundo. Um amigo me perguntou por que escolhi esse assunto específico para escrever um livro. Minha resposta foi que passei a ver na generosidade o fio condutor essencial nas mais importantes lições que já aprendi — como indivíduo, líder e cidadão do mundo. Durante anos, o slogan do TED foi "Ideias que merecem ser espalhadas", e eu passei a acreditar que a generosidade é a grande ideia que merece ser passada em frente.

Mas como? Faz sentido dizer que a generosidade é uma ideia? Não seria mais adequado dizer que se trata de uma virtude ou um traço de caráter? Bem, certamente é tudo isso. Mas é também uma ideia grandiosa, brilhante e possivelmente a melhor que os seres humanos já tiveram. *É a ideia de que devemos nos esforçar em prol dos outros, e não apenas de nós mesmos.*

Como veremos, a generosidade é alimentada por instintos biológicos arraigados. Porém, esses instintos são frágeis. Eles precisam ser fortalecidos e moldados por nossa consciência. Em todas as religiões e em quase todas as culturas, houve um esforço para elevar o papel da generosidade, pois ela é a chave para a realização do nosso potencial. É a generosidade que inspira a confiança recíproca e torna a cooperação possível. A cooperação, por sua vez, foi o que nos permitiu criar a civilização. Portanto, a generosidade é fundamental para tudo o que a humanidade construiu e o que ainda podemos construir no futuro.

É claro que a construção de sociedades prósperas precisou de mais do que apenas generosidade. Precisávamos de muitas outras coisas, incluindo o estado de direito e os mercados regulamentados. Esses fatores desempenharam um papel crucial ao restringir determinados aspectos não generosos da natureza humana e transformá-los em algo produtivo para o bem comum. A admiração que Adam Smith tinha pelos efeitos benéficos do comércio entre as pessoas é válida. É realmente incrível que milhões de pessoas, que na maioria das vezes agem por interesse próprio, possam fazer o bem para os outros.

Mas a história revela que todas as instituições já estabelecidas estão sujeitas a falhas e precisam ser constantemente ajustadas e aprimoradas. Geralmente, essas melhorias são impulsionadas por pessoas apaixonadas pelo bem comum, reformadores e defensores movidos por um espírito público generoso. Foi assim que lutamos contra o trabalho infantil, a escravidão, o aumento abusivo do custo de vida, a poluição e a exploração de todos os tipos — lutas que continuam até hoje. A internet tem o potencial de ser uma invenção tão importante para a humanidade quanto os mercados regulamentados ou o estado de direito. Ela conecta a todos nós e abre as portas para um potencial humano ilimitado. Mas, em seu estado atual, ela é profundamente falha. A internet clama por reformadores de mente generosa, que possam recuperar seu posto de amplificadores da bondade em vez da maldade. Graças ao poder do contágio, cada um de nós pode contribuir mais do que imagina.

De fato, talvez a pergunta moral mais simples e poderosa que as pessoas possam fazer sobre sua própria vida seja: "Eu sou um doador ou um tomador de recursos?". A resposta a essa pergunta vem do balanço de nossa vida. As pessoas que prejudicamos em comparação às pessoas que ajudamos. Os recursos que consumimos comparados aos que protegemos. A feiura da qual fizemos parte comparada à beleza que criamos. E assim por diante. É uma questão intensamente pessoal — e que traz consequências para todos nós. A qualidade do nosso futuro coletivo depende em grande parte do fato de a maioria das pessoas dar mais ao mundo do que retirar dele.

A generosidade desempenhou um papel fundamental na construção das ferramentas, das ideias e das instituições que permitiram à civilização florescer, mas ela também é essencial para uma outra coisa: nossa felicidade pessoal. A generosidade é um ingrediente fundamental para uma vida alegre. Muitas vezes, as pessoas me dizem que o principal motivo de assistirem às palestras do TED é obter uma resposta para a pergunta: de que maneira posso ser minha melhor versão? Elas dizem que os palestrantes as inspiram a pensar de forma mais abrangente sobre como podem contribuir para o mundo.

Por tudo isso, passei a ver a generosidade como elemento central em tudo o que é importante. E como vivemos em uma época em que a generosidade de uma pessoa tem o potencial de contagiar outras, há mais uma razão para que essa ideia seja espalhada por toda parte.

No entanto, espalhar uma ideia nem sempre é fácil. Neste momento, o futuro parece perigosamente frágil, se levarmos em consideração o lado ruim de grande parte da cultura moderna. Há uma possibilidade real de nos afastarmos uns dos outros e abandonarmos a melhor ideia que já tivemos. Mas também existe um cenário em que a redescobrimos e damos voz a ela como nunca.

Existem diversos jeitos de ser generoso. Não se resume apenas a doar dinheiro. Adotar uma mentalidade mais generosa pode fazer a diferença. Isso pode levar à doação de tempo, talento, criatividade, conexão e bondade humana básica. Essas doações sempre fizeram parte do que é ser um bom ser humano. Porém, hoje em dia, elas têm o potencial de criar reações em cadeia surpreendentes.

É claro que dinheiro também é importante. Nas páginas seguintes, vamos descobrir como ir além dos atos instintivos de caridade e fazer doações conscientes, que ampliam de maneira considerável o impacto do que é gasto, seja pela internet ou por outras formas.

E se isso ainda parecer assustador ou impossível, lembre-se de que você não precisa fazer tudo sozinho. Muitos dos mais belos exemplos de generosidade acontecem quando as pessoas unem forças: uma rede de doações, um grupo local de voluntários ou um coletivo digital.

Seja quem for, o potencial para a generosidade — como iremos descobrir — está profundamente enraizado em você. Na verdade, é possível que sua busca por se tornar um doador de recursos o surpreenda com um senso renovado de significado, propósito e um otimismo alegre. *É o que eu devo ser.*

Isso também se aplica a organizações, sejam elas com ou sem fins lucrativos. Uma das surpresas da era da internet é que os atos de generosidade muitas vezes acabam sendo a decisão mais inteligente e satisfatória que uma empresa pode tomar.

Somos ensinados a pensar na generosidade como uma atitude praticada por motivos puramente pessoais. Mas eu defendo a ideia de que ela pode ser muito mais do que isso. Hoje, mais do que nunca, a decisão de ser generoso pode ao mesmo tempo ser um ato de sacrifício e, de forma mais profunda, um ato de interesse próprio de longo prazo para quem doa. Pessoas generosas são aquelas que vão desfrutar da mais profunda felicidade. E empresas e organizações generosas são as empresas e organizações que vão dominar o futuro.

Se pudéssemos dar um pouco mais de atenção ao potencial de contágio da generosidade, e ser um pouco mais criativos e corajosos na forma como contribuímos para esse potencial, seríamos transformados — em nossa vida pessoal e familiar, em nosso bairro, nossa empresa ou organização sem fins lucrativos.

Abriríamos a porta para possibilidades humanas novas e emocionantes.

O livro é dividido em três partes: "Por quê", "Como" e "E se?".

A Parte 1 dedica-se a entender *por que* agora é o momento da generosidade contagiante. Compartilho a extraordinária sequência de eventos no TED que me convenceu de que a internet mudou as regras da generosidade de maneira muito mais profunda do que eu havia percebido, além dos três grandes princípios que aprendi com esses eventos. Em seguida, vamos mergulhar na natureza humana e descobrir de que forma o chamado da generosidade é capaz de trazer presentes surpreendentes e profunda felicidade. Nela, também apresento os bastidores do "Experimento Misterioso", o maior estudo de ciências sociais já realizado para demonstrar como gentileza gera gentileza.

Na Parte 2, investigamos *como* transformar essa teoria em prática. Analisamos o que é necessário para uma mentalidade generosa, as diversas formas de doação que se transformam em algo maior e como podemos compartilhar histórias de generosidade uns com os outros. Há um capítulo importante sobre doação financeira, que ensina a ampliar de maneira significativa o impacto do nosso dinheiro.

Em seguida, na Parte 3, perguntamos: *e se* o nosso mundo incorporasse a generosidade de uma maneira mais profunda? Vamos refletir sobre formas de reconquistar a internet para que ela realize o sonho de milhões de pessoas de ajudar a humanidade a ser mais humana e gentil. Vamos ver como as empresas e organizações podem ser transformadas pela generosidade. Vamos refletir sobre como capacitar nossos maiores agentes de mudança para que embarquem em planos verdadeiramente audaciosos. Vamos explorar o argumento a favor de um compromisso que o mundo todo poderia assumir e que nos levaria a uma jornada compartilhada de generosidade. E, por fim, vamos refletir sobre como incorporar uma mentalidade generosa em nosso futuro.

Um aspecto que *não vou* abordar de maneira deliberada é a política pública. Evidentemente, os governos têm um papel central em muitos dos piores problemas do mundo. Tenho grande admiração por aqueles que, dentro e fora do governo, estão de olho nessas questões. São debates que dominam a maioria dos espaços públicos onde interagimos. E são importantes. No entanto, esse não é o foco aqui. Este livro trata do que *nós* podemos fazer.

Seja você quem for e esteja onde estiver, espero que me acompanhe nessa jornada. Há uma boa oportunidade de você ser contaminado por uma coisa poderosa, que pode afetar a forma como vai gastar parte do seu tempo, do seu dinheiro e da sua criatividade no futuro. E isso pode acabar contagiando outras pessoas.

Só que essa é uma contaminação saudável. Uma contaminação bonita e esperançosa. Pode ser que você jamais queira se recuperar dela.

PARTE I
Por quê

*Por que agora é o momento da
generosidade contagiante*

I

Por dentro de um contágio

Os surpreendentes desdobramentos da decisão de se doar

Quero compartilhar com você a experiência que me fez enxergar o potencial que a internet tem para turbinar a generosidade.

Sou um empresário do ramo da comunicação. Durante a primeira metade da minha carreira, fundei uma empresa no Reino Unido e nos Estados Unidos que publicava dezenas de revistas voltadas para hobbies, muitas delas relacionadas a tecnologia. Em 1998, fui convidado a participar de uma conferência na Califórnia que, inusitadamente, não abrangia apenas um setor, mas três: tecnologia, entretenimento e design. Sim, era a conferência TED.

Devido à abrangência do evento, os palestrantes tiveram que tornar seu trabalho acessível a leigos, e, quando isso é feito, o que ocorre é um cruzamento de assuntos. Os desenvolvedores de software foram inspirados pela arquitetura, os roteiristas e artistas ficaram maravilhados com os tecnólogos, e todos sentiram que o potencial e a importância de seu trabalho aumentaram. Fiquei fascinado.

Alguns anos mais tarde, tive a oportunidade de assumir o comando da conferência diretamente das mãos de seu carismático cofundador. Eu me agarrei a essa oportunidade — em parte porque parecia haver uma boa chance de ampliar sua abrangência. Não eram apenas as áreas da tecnologia, do entretenimento e do design que poderiam se cruzar umas com as outras; todas as áreas podiam fazer isso. O conhecimento humano faz parte de uma única e indefinível realidade. Não entendemos coisa alguma por completo até compreendermos a maneira como essa coisa se conecta a outras partes do conhecimento.

Eu não tinha condições financeiras de adquirir o TED em meu nome — a falência das ponto-com entre 2000 e 2001 havia devastado minha empresa de comunicação, a Future PLC. Por isso, o TED passou a fazer parte de uma fundação sem fins lucrativos que eu havia criado alguns anos antes, em tempos mais favoráveis. E deixei a Future para me dedicar a essa estranha conferência em tempo integral e pensar em como ela poderia crescer.

Como passou a ser uma organização sem fins lucrativos, o TED precisava ter sua administração voltada para o bem público. E isso significava encontrar uma maneira de conquistar um público mais amplo para as palestras inspiradoras dadas lá. No início dos anos 2000, isso era mais difícil do que se pode imaginar.

Tentamos convencer os canais de televisão de que as palestras TED dariam uma excelente audiência. Eles riram de nós.

Palestras públicas eram a coisa mais chata em que conseguiam pensar. Então tivemos uma ideia mais radical.

O experimento

A banda da internet crescia de maneira implacável, e a incipiente tecnologia do vídeo on-line começava a se tornar viável. Em 2006, os vídeos se limitavam a uma janelinha de baixa resolução no canto da tela do computador, mas achamos que valia a pena tentar. Como experimento, disponibilizamos seis palestras na íntegra em nosso site.

Para nossa surpresa, elas viralizaram, acumulando em pouco tempo milhares de visualizações. Não é muito para os padrões atuais, mas para um site que recebia apenas algumas centenas de visitantes por dia, era impressionante. E o retorno que recebemos dos espectadores foi tão intenso que ficamos chocados. As pessoas não tinham só gostado do que viram. Elas tinham amado. Aquilo as inspirou. E, de uma hora para outra, nos vimos diante de um dilema. Como uma organização sem fins lucrativos, sentimos que tínhamos a obrigação de distribuir on-line de forma gratuita todo o nosso melhor conteúdo.

Essa com certeza foi uma decisão perigosa. Os participantes do evento pagaram caro para ir ao TED. Essa era, de longe, a principal fonte de renda que tínhamos. Para que eles continuariam pagando se o conteúdo fosse disponibilizado de graça na internet?

Não tínhamos certeza. Mas fomos em frente mesmo assim.

A resposta

O que aconteceu em seguida foi surpreendente.

Primeiro, a maior parte de nossa comunidade de participantes apoiou a mudança de imediato. Alguns poucos reclamaram, mas a grande maioria ficou entusiasmada por passar a compartilhar aquela experiência com outras pessoas.

E a resposta daqueles que assistiram a essas palestras pela primeira vez na internet foi ainda mais surpreendente. Recebemos muitas mensagens de pessoas expressando quão tocadas ficaram e o quanto queriam ajudar os palestrantes a divulgar suas ideias.

O número de visitantes em nosso site explodiu, chegando na casa dos milhões, e o TED deixou de ser uma conferência de nicho para se tornar uma marca global — tudo por meio do boca a boca. Em vez de a demanda pela nossa conferência diminuir, ela aumentou.

E algo mais aconteceu: pessoas de todas as partes do mundo começaram a traduzir voluntariamente as palestras para seus idiomas. Depois que criamos um sistema para facilitar o processo, literalmente milhares de tradutores voluntários começaram a trabalhar em pares, verificando assim o trabalho uns dos outros. Dezessete anos depois, os TED Talks foram traduzidos para mais de cem idiomas por cerca de cinquenta mil almas generosas.[1]

O que a internet nos ensinou
Era muita coisa para assimilar. Tomamos a decisão de disponibilizar as palestras principalmente devido ao senso de obrigação — a missão da nossa organização era compartilhar conhecimentos preciosos com o mundo de maneira gratuita. Mas o que recebemos de volta foi transformador. A internet havia espalhado os TED Talks por toda parte, resultando em milhões, depois bilhões, de visualizações e gerando uma receita significativa através de patrocínios. Nos três anos seguintes, a receita do TED foi multiplicada em mais de dez vezes, o que nos permitiu pensar em novas e estimulantes possibilidades.

Para moldar tais possibilidades, um princípio norteador entrou em foco. Naquela época, nós chamávamos esse princípio de abertura radical, mas hoje penso nele simplesmente como, sim, *generosidade contagiante*. A internet nos ensinou que, quando nos doamos o máximo que podemos, o retorno pode ser surpreendente.

Então nos perguntamos: além do nosso conteúdo, o que mais poderíamos oferecer?

Primeiro, fundamos um programa de bolsistas com o objetivo de trazer ao TED um grupo global de pensadores e realizadores extraordinários que, de outra forma, não teriam condições de participar. Esse programa mostrou imediatamente seu valor quando um dos primeiros bolsistas, Logan Smalley, um educador, nos abordou com a ideia de lançar uma série de vídeos curtos de animação para compartilhar conhecimento e despertar a curiosidade de alunos de todas as idades. Seu programa, o TED-Ed, foi impulsionado pela generosidade. Professores e animadores ofereceram seus serviços sem cobrar nada ou a custos reduzidos, e doadores visionários cobriram o restante das despesas. Desde 2011, a equipe de Logan acabou criando mais de 1.500 animações, muitas das quais ganharam prêmios e agora são usadas em milhares de escolas e milhões de lares, criando mais de um bilhão de lampejos de curiosidade a cada ano.

A surpresa do TEDX

O maior risco que assumimos, no entanto, foi quando disponibilizamos nossa *marca*. O próprio nome TED. Muitas pessoas perguntavam sobre a possibilidade de realizarem uma conferência TED em sua própria cidade. Não conseguíamos pensar em um jeito de fazer isso. Então decidimos deixar que elas mesmas pensassem. Emitimos licenças gratuitas para organizadores de todo o mundo. Eles poderiam chamar o evento de TED e, assim, atrair palestrantes e público com mais facilidade. Fizemos apenas uma alteração na marca: acrescentamos um X. A intenção era que o TEDX significasse *TED auto-organizado no local X*, mas o significado mais profundo do X acabou sendo "TED multiplicado" ou até mesmo "TED exponencial".

Assim, em vez de o TED ser apenas um único evento anual, de uma hora para outra tivemos centenas de eventos, e depois milhares. Cada um deles foi organizado por uma equipe local que dedicava uma quantidade extraordinária de tempo e talento. O TED foi levado a cinemas, universidades, estádios, teatros, parlamentos — bem como a lugares que nunca poderíamos ter imaginado: florestas, prisões, campos de refugiados. Nós havíamos disponibilizado nossa marca, mas, para nós, a generosidade da resposta parecia muito mais surpreendente.

Para muitos consultores de negócios da época, tudo isso parecia loucura. A *Harvard Business Review* até publicou um artigo a respeito, intitulado de forma provocativa "Quando o TED perdeu o controle de seu público".[2] Mas a "perda" foi deliberada. Sim, houve ocasiões em que os eventos foram um fracasso ou um palestrante mal preparado causou constrangimento a todos. No entanto, esses foram casos surpreendentemente raros. E, com o tempo, todo o sistema foi aperfeiçoado. Os organizadores locais ganharam uma experiência inestimável e compartilharam o que estavam aprendendo conosco e uns com os outros.

O TEDX trouxe ao mundo vozes notáveis, que talvez nunca tivéssemos descoberto sozinhos. Alguns dos palestrantes do TED mais populares de todos os tempos — incluindo Brené Brown e Simon Sinek — foram descobertos no TEDX.

E, enquanto escrevo, cerca de quinze anos depois, a decisão de disponibilizar nossa marca parece a coisa mais sábia que poderíamos ter feito. Mais de 25 mil TEDX foram realizados. Um banco digital com mais de duzentas mil palestras foi criado. E essas palestras atraem mais de um bilhão de visualizações anualmente. Uma equipe central de apenas doze pessoas supervisiona toda a operação, oferecendo orientação e treinamento e garantindo a adesão à nossa missão.

Partindo de uma estrutura tradicional de comando e controle, você jamais conseguiria criar uma organização de eventos dessa escala com apenas doze pessoas. Essa operação só foi possível graças à magia da generosidade contagiante. Doamos nossa marca e nossos conselhos. E o que recebemos de volta foi um milagre da disseminação de conhecimento em escala mundial.

Um efeito sem fim
Ainda hoje estamos aprendendo sobre os efeitos da decisão de disponibilizar nosso conteúdo e nossa marca. Pegue como exemplo uma das seis primeiras palestras que lançamos. Ela foi realizada pelo educador Ken Robinson, na qual ele argumentava que as escolas precisavam fazer mais para estimular a criatividade e a curiosidade das crianças. A palestra é hilária — e profundamente inspiradora. Foi realizada em um teatro com quinhentas pessoas. Mas, enquanto escrevo, cerca de dezessete anos após seu lançamento, mais de cinco mil pessoas assistem a ela todos os dias. E as histórias contadas por algumas dessas pessoas me deixam sem palavras. Por exemplo, os membros da trupe de arte performática Blue Man Group decidiram investir em uma escola particular na cidade de Nova York que implementaria as ideias de Ken. Inúmeros outros se inspiraram em Ken e se tornaram professores, e os já professores foram motivados a mudar sua forma de ensino.

Em 2022, conheci aquela que pode ter sido a responsável pelo maior desses efeitos. Seu nome é Supriya Paul. Dez anos antes, ela era universitária na Índia, estudando para ser contadora, quando sua amiga Shobhit Banga a fez assistir à palestra de Ken. Supriya me contou: "Foi naquele momento que despertamos para a ideia de fazer algo para solucionar os desafios educacionais da Índia — não para uma ou algumas pessoas, mas para toda uma geração". Aquele vídeo curto inspirou tanto as duas amigas que elas decidiram usar essa técnica para realizar seus sonhos. Com relutância, o pai de Supriya concordou que ela poderia adiar a formatura por um ano.

Supriya e Shobhit conseguiram um financiamento bem a tempo para sua nova organização, a Josh Talks. Em hindi, *josh* significa "vigor" ou "força da mente". E é exatamente isso o que as palestras estão proporcionando. Elas são focadas em espectadores de baixa renda que, de outra forma, não teriam acesso a uma boa educação. Ao compartilhar histórias com as quais todos podem se identificar, o Josh Talks está elevando as aspirações e destravando o potencial das pessoas em todo o subcontinente indiano. Em 2023, mais de cinquenta milhões de indianos assistiram ao Josh Talks em dez idiomas regionais.[3] E, nas palavras de Supriya, "estamos apenas começando".

O Josh Talks, por sua vez, está criando seu próprio efeito cascata. Supriya me contou sobre um de seus espectadores, Manish, de vinte anos. Pouco antes da pandemia, Manish perdeu sua casa devido a fortes enchentes em seu vilarejo, em Bihar. Depois que a pandemia de Covid-19 atingiu a Índia, sua situação financeira piorou, e ele precisou procurar desesperadamente uma maneira de sustentar sua família. Nesse período, Manish se deparou com um vídeo do Josh Talks sobre Vivek Kumar, que, assim como ele, veio de uma cidade pequena e usou seus conhecimentos e suas habilidades para ensinar outras crianças. A palestra despertou nele uma crença: "Se ele pode fazer isso, então eu também posso!". Manish começou a ensinar crianças em seu distrito. Agora, apenas alguns anos depois, ele coordena seu próprio instituto de treinamento e já ajudou dezenas de crianças a passar nas provas do décimo ano, abrindo caminho para mais uma onda de efeito cascata. Um aluno do 12º ano chamado Aman disse a Supriya: "Manish é um professor brilhante. Sua paixão e sua dedicação me inspiram a crescer todos os dias".

Ken concluiu sua palestra compartilhando seu sonho de um futuro promissor que a imaginação humana poderia trazer. "A única maneira de fazer com que ele aconteça é reconhecendo nossas capacidades criativas pela riqueza que elas representam, e reconhecendo nossas crianças pela esperança que elas significam. E nossa tarefa é educar todo o seu ser, para que elas possam enfrentar esse futuro. A propósito, talvez não cheguemos a ver esse futuro, mas elas verão. E nosso trabalho é ajudá-las a fazer algo com isso."[4]

Ken faleceu em 2021, e não chegou a conhecer nem Supriya, Manish, nem Aman. Mas os efeitos de suas palavras permanecerão para sempre.

Eu sei o que você deve estar pensando. "O TED não seria uma exceção? É óbvio que esse resultado só se aplica ao TED e aos seus palestrantes." Com certeza tínhamos muitas coisas a nosso favor. Conseguimos atrair uma equipe maravilhosa e talentosa, disposta a correr riscos. Palestrantes extraordinários, como Ken, nos cederam seu tempo e sua sabedoria sem cobrar nada. E nosso timing ao oferecer esse conteúdo gratuito no momento que a transmissão de vídeos on-line estava começando a decolar foi perfeito.

Mas o TED está longe de ser o único lugar em que vi o efeito multiplicador da generosidade se manifestar. Estou convencido de que os aprendizados dessa experiência se aplicam a um leque tanto de organizações quanto de indivíduos. Como estamos prestes a ver, a era da conexão muda as regras da generosidade para todos.

2
A ALDEIA INFINITA

Por que a conexão global exige que repensemos a generosidade

À medida que os sistemas se tornam mais complexos, geralmente ocorre uma mudança radical na forma como eles se comportam. Os primeiros cem, duzentos ou mil motoristas de uma cidade vão se regozijar com as vias livres de trânsito. No entanto, se esse número aumentar para cem mil de uma hora para outra, teremos um novo nome para essa experiência: engarrafamento.

O aumento na escala é capaz de arruinar a qualidade de uma experiência, mas também pode aprimorá-la. Um restaurante de médio porte com apenas três clientes está falido. Nem mesmo esses três vão voltar ali. Com trinta clientes, ele ganha vida. Querendo ou não, todos os trinta clientes estão sinalizando uns para os outros que esse é um lugar que vale a pena frequentar. A Uber é inútil quando não há motoristas suficientes na rede. Mas com centenas de motoristas em cada cidade, ela passa a se destacar.

Da mesma forma, devido ao aumento na escala da conexão humana, acredito que nossa forma de pensar a generosidade passou por uma mudança radical. Não vivemos mais nos pequenos grupos que moldaram nossos instintos morais mais básicos. Hoje, podemos nos conectar com praticamente qualquer pessoa. Nossa aldeia se estende por todo o globo. E isso muda tudo.

Há três recursos específicos da nossa era hiperconectada aos quais não damos o devido valor, mas que, quando lançamos um novo olhar a eles enquanto conjunto, formam uma lógica completamente nova e convincente sobre o que devemos guardar e o que pode ser doado.

1. VALORIZAMOS CADA VEZ MAIS O QUE NÃO É MATERIAL
Durante a maior parte da história, dar um presente quase sempre envolveu a transferência de átomos e moléculas de um ser humano

para outro. Alimentos. Flores. Ferramentas. Roupas. Objetos colecionáveis.

Mas, nas últimas décadas, uma grande mudança aconteceu. Cada vez mais o valor não vem do tangível, mas do intangível. Não de átomos, mas de bits. Não de coisas físicas, mas de criações exclusivas da mente humana. As coisas físicas ainda são a base de tudo. Mas o que importa cada vez mais é como elas são moldadas, padronizadas e organizadas. O aço pode ser transformado em uma máquina complexa. A tinta, em arte. A eletricidade, em programas de computador. É nessa padronização que o valor é criado. E os padrões por si só não são materiais, mas uma informação, um conhecimento.

Ficamos surpresos com a empolgação das pessoas em receber gratuitamente os TED Talks on-line. Entretanto, não deveríamos ter ficado. A informação empodera. O conhecimento oferece ferramentas para melhorar a vida. Um ser humano inspirador é capaz de inspirar mesmo no formato digital. A criatividade estética nos enche de prazer. O software e a inteligência artificial têm um poder quase ilimitado para moldar o futuro do mundo.

Pense no seu dia a dia e quanto do seu tempo é gasto em coisas não materiais. Lendo mensagens. Assistindo ao noticiário. Ouvindo podcasts. No Zoom, com colegas ou pessoas queridas. Tirando fotos. Recorrendo a um mecanismo de busca para pesquisar algo. Jogando em um aplicativo. Assistindo ao streaming. Interagindo com uma IA.

Se a maneira como gastamos nosso tempo é a principal medida do que valorizamos, então o que valorizamos é — cada vez mais — intangível.

Claro, as coisas físicas ainda constituem os fundamentos da vida. Você não pode comer bits, beber um software ou vestir um vídeo. Estamos em um planeta onde, para nossa vergonha, pelo menos 1 bilhão de seres humanos ainda não têm comida nem moradia. No entanto, mesmo na batalha para acabar com a pobreza no mundo, algumas das mudanças mais transformadoras das últimas décadas foram possibilitadas pelo crescente acesso à conectividade e ao conhecimento. E, à medida que as pessoas vão aos poucos suprindo suas necessidades físicas, uma parte cada vez maior de seu tempo e sua atenção se volta para o não material.

2. COISAS NÃO MATERIAIS PODEM SER DOADAS EM ESCALA ILIMITADA

Antes de o vídeo ficar disponível na internet, se você quisesse compartilhar uma palestra inspiradora com muitas pessoas, a melhor opção seria gravá-la em cópias e mais cópias de DVDs para enviá-las pelo correio. Isso custaria dois dólares ou mais por unidade. Hoje, o custo para levar essa mesma palestra a alguém é infinitamente menor. Basta um pequeno fragmento de banda larga. Essencialmente, é gratuito. E instantâneo.

E o mesmo se aplica a todos os bens digitais. Livros, filmes, músicas, softwares, receitas, designs, cursos, projetos, ideias profundamente originais, histórias emocionantes — todo tipo de propriedade intelectual ou conhecimento. Tudo isso pode ser oferecido ao mundo com custo de distribuição zero.

Se você pode fazer um presente em formato digital, a internet torna ridiculamente fácil distribuí-lo a um sem-número de pessoas.

Isso já não é novidade há décadas, mas ainda me surpreende. Antigamente, alguém que passava meses criando algo especial podia compartilhá-lo com apenas algumas pessoas. Agora, podemos passar adiante essa mesma criação para pessoas do mundo inteiro. Isso significa que nosso potencial coletivo para a generosidade foi aumentado não apenas em 10% ou 50%, mas transformado. Não se trata apenas de um aprimoramento; é uma transformação.

E a força arrebatadora da IA é capaz de ampliar ainda mais essa capacidade. Em vez de compartilharmos determinado conteúdo com um milhão de pessoas, em breve será possível personalizar esse conteúdo de maneira única para cada destinatário com a ajuda da IA.

Essas tecnologias ajudam a nivelar o campo de atuação. Tradicionalmente, os atos de generosidade mais impactantes eram realizados por aqueles que detinham recursos significativos. Se você quisesse atingir mil pessoas em vez de uma, teria que gastar mil vezes mais. E poucos conseguiam fazer isso. Mas, no mundo digital, o que faz com que algo viralize e atinja milhões de pessoas é muito mais misterioso. Pode ter tanto a ver com imaginação e engenhosidade quanto com os recursos investidos.

"Espera aí", você pode estar pensando. "Se é tão fácil fazer uma doação, será que isso é mesmo generosidade?" As celebridades de hoje em dia não deveriam se gabar por compartilhar um milhão de fotos espontâneas com seus fãs. Há uns trinta anos, isso seria surpreendente. Hoje em dia, é apenas mais um dia comum no Instagram. Na verdade, há um mundo inteiro de influenciadores produzindo conteúdo gratuito inteiramente patrocinado.

Será que, em vez de sermos beneficiados pela generosidade, não estamos na verdade nos afogando em conteúdo? Conteúdo esse que pagamos com a nossa atenção e com dados pessoais que impulsionam todos aqueles anúncios?

É verdade que a atual abundância de conteúdo e serviços digitais gratuitos estimula a adoção de uma postura *blasé* em relação à generosidade da internet; se você passa o dia inteiro em uma floresta, pode acabar esquecendo como certas árvores são particularmente bonitas. O que é uma pena, na verdade.

Acho que podemos fazer uma distinção entre o compartilhamento na internet que é puramente comercial e aquele que demandou um grande esforço para ser criado e é disponibilizado com o verdadeiro intuito de ser generoso. Há inúmeros exemplos desse último tipo:

- O especialista em bioacústica Martyn Stewart gravou um total de trinta mil horas de sons da natureza em quarenta países, divididas em cem mil registros.[1] Isso inclui o pio de uma coruja em uma floresta de coníferas, tempestades no *outback* australiano, a paisagem sonora da floresta tropical da Costa Rica e o coaxar da rã-dourada-do-Panamá. Depois de ser diagnosticado com câncer, ele decidiu lançar todas essas gravações no SoundCloud, de graça. "Se conseguirmos divulgar esses belos registros sonoros e permitir que pessoas no mundo inteiro escutem, talvez possamos começar a proteger o que nos resta." Essas gravações foram usadas em mais de 150 filmes e em inúmeros documentários sobre a natureza. Por causa da generosidade de Martyn, elas estarão disponíveis para sempre.

- A organização Living Room Conversations disponibiliza mais de cem guias gratuitos e outros recursos que ajudam a abordar assuntos difíceis (aborto, por exemplo) e chegar a um entendimento. Ela também oferece treinamentos gratuitos pela internet.[2]

- A dupla de hip-hop norte-americana Run the Jewels lançou o álbum *RTJ*[4] "de graça para quem quiser ouvir".[3] Segundo o rapper El-P, a decisão foi "a única maneira que eu realmente vi de contribuir para a luta e a experiência humana, além de apenas tentar ser gentil, consciente e amadurecer".

- O grande fotógrafo francês Yann Arthus-Bertrand cativou a imaginação de muitos com as extraordinárias fotografias da Terra tiradas a partir de balões de ar quente.[4] Em seguida, produziu filmes profundamente inspiradores como *Home*, *Human* e *Woman*, ao custo de milhões de dólares cada um. Seu preço para distribuí-los? Zero. Eles são o presente de Arthus-Bertrand para a humanidade, e estão disponíveis gratuitamente no YouTube e em outros sites. Esses filmes tocaram profundamente as pessoas. O youtuber @joejoezidane, uma das sete milhões de pessoas que assistiram à versão em inglês de *Human* no YouTube, disse: "Esse é, de longe, o documentário mais incrível e impressionante que eu já vi em toda a minha vida".[5]

Não estou defendendo que tudo o que é disponibilizado on-line de forma gratuita seja um caso de generosidade. Apenas quero dizer que, quando há uma intenção genuinamente generosa, a internet pode multiplicá-la por mil.

Mas e quanto ao número crescente de artistas, músicos, cineastas, influenciadores e estrelas das redes sociais que contam com a internet como fonte de renda? Consigo imaginá-los lendo isso e pensando: "Não é justo! Você espera que eu dê o meu melhor trabalho de presente, sem remuneração? De que forma eu vou viver, então?".

Essas são preocupações legítimas, e claro que não estou dizendo que tudo o que pode ser doado deva ser doado. A facilidade com que todas as formas de conteúdo digital podem ser distribuídas hoje em dia tem sido, na melhor das hipóteses, uma vantagem um tanto ambígua para muitos profissionais criativos. Pegue o caso dos fotógrafos. Houve um tempo em que uma boa parte das fotografias mais vistas no mundo era tirada por profissionais e distribuída por jornais, revistas e canais de televisão. No entanto, desde a chegada dos smartphones, a quantidade de fotos tiradas e compartilhadas aumentou exponencialmente. As visualizações nas redes sociais são, em conjunto, muito maiores do que na mídia tradicional. Muitos jornais e revistas fecharam as portas. E os fotógrafos tiveram que se virar para encontrar outras formas de ganhar dinheiro. Para eles, deve ser irritante pensar nesse compartilhamento generalizado de imagens como uma atitude generosa sob qualquer aspecto.

Da mesma forma, a capacidade dos músicos de obter alguma renda na internet é incrivelmente limitada.[6] Os acordos levados a cabo pelas gravadoras com empresas como o Spotify implicam que talvez seja necessário ouvir até 2.500 vezes a canção de determinado artista para que ele ganhe um único dólar. A internet permitiu que muito mais gente escutasse mais música do que nunca, mas está mais difícil do que nunca ganhar a vida disponibilizando essas músicas.

Provavelmente, muitos escritores, artistas e cineastas também sentem isso. E o rápido crescimento da influência da IA generativa só torna as coisas piores.

No entanto, se os modelos de negócios da internet não são gentis com os criadores, talvez a própria generosidade possa desempenhar um papel na solução desse problema. Poderíamos estimular uma economia de oferta incipiente para apoiar nossos criadores? Sites como o Patreon permitem que as pessoas ofereçam apoio financeiro a seus artistas e criadores favoritos. E um número crescente de plataformas que permitem a distribuição de conteúdo está possibilitando que os usuários deem gorjetas aos criadores que acompanham.

Há espaço para que essa iniciativa chegue muito mais longe. Em 23 de março de 2020, o Reino Unido entrou em lockdown devido à pandemia de Covid-19. Para uma grande parte da população, de uma hora para a outra não havia mais trabalho nem renda. Poucos foram mais atingidos do que os artistas autônomos. Muitos já estavam vivendo com margens de lucro bem pequenas antes da pandemia. Quando as galerias fecharam e as exposições que demandavam anos de trabalho foram canceladas de repente, muitos caíram na pobreza.

O artista e empreendedor social Matthew Burrows sabia que precisava fazer algo — e rápido — para ajudar a si mesmo e a seus amigos. "Preciso criar alguma coisa que se espalhe da mesma forma que um vírus, mas algo que possa ajudar as pessoas", pensou ele.[7] Estudante de antropologia, ele se inspirou bastante nas culturas generosas do mundo pré-moderno. Talvez pudesse usar os antigos princípios da cultura da doação e da colaboração mútua para ajudar alguns artistas a sobreviver.

No Instagram, ele criou o #ArtistSupportPledge, um movimento digital com algumas regras básicas:

- Poste imagens de seu trabalho no Instagram com a hashtag #ArtistSupportPledge.
- Não cobre mais do que duzentas libras (ou o equivalente) por qualquer trabalho.
- Quando tiver alcançado pelo menos mil libras em vendas, honre o compromisso de comprar o trabalho de outro artista por duzentas libras.
- Em caso de dúvida, seja generoso. Isso é tudo o que importa.

Essas regras deram efetivamente a seus colegas artistas uma nova plataforma que os conectava com seus apoiadores e ofereceria sustento. De repente, ficou mais fácil venderem seu trabalho e apoiarem uns aos outros.

Burrows esperava que o #ArtistSupportPledge beneficiasse apenas um pequeno círculo de amigos na região de Londres. Mas, quando uma rede de trabalho que capacita as pessoas atinge uma certa massa crítica, ela toma vida própria. A hashtag viralizou no Instagram, com artistas profissionais e amadores de todo o mundo comprando o trabalho uns dos outros e suscitando o apoio de outras pessoas inspiradas pelo projeto. No fim da pandemia, a cultura generosa do #ArtistSupportPledge arrecadou surpreendentes setenta milhões de libras para os artistas.

Kate Honey, minha brilhante assistente de pesquisa que ajudou a coletar muitas das histórias deste livro, conversou com Matthew. "O #ArtistSupportPledge é alimentado pela generosidade", disse ele a Kate, "desde aquilo que um artista oferece para venda a um preço limitado ou com desconto — o que inclui todos os artistas, independentemente de seu prestígio, sua experiência ou sua reputação — até o compromisso de compartilhar 20% das vendas com seus parceiros e colegas. A generosidade fica evidente em como os compradores confiam no artista, ao lidarem diretamente com ele para adquirir a obra, sem a necessidade de um intermediário".

O que mais inspirou Burrows foi como essa "cultura generosa", ao mesmo tempo antiga e moderna, parecia tão natural para os artistas. O #ArtistSupportPledge se moderou sozinho e se espalhou de maneira orgânica, com mínima intervenção de Burrows. "Se você começa a falar sobre gentileza, as pessoas acham que você é louco ou que perdeu o juízo. Quando o #ArtistSupportPledge se tornou um fenômeno mundial, o mais empolgante foi que, pela primeira vez em minha carreira, pude falar sobre gentileza como se não fosse algo ridículo, idiota ou bobo. A gentileza é uma resposta forte e eficaz para o mundo."

Até onde isso pode chegar? É possível imaginar um mundo de conteúdo criativo relativamente escasso, bancado e controlado por certas figuras de autoridade transformado em um mundo de criatividade abundante de todos os tipos, sustentado pela generosidade daqueles que recebem esse conteúdo?

Tomando o exemplo do Patreon, no início de 2023, a plataforma havia distribuído um total de 3,5 bilhões de dólares para 250 mil criadores — em média, cerca de quatorze mil dólares para cada um.[8] No entanto, esse dinheiro foi distribuído ao longo de vários anos, e, exceto em alguns casos, não chega nem perto de proporcionar uma renda satisfatória e justa aos artistas, mas revela algo do que poderia ser.

O que fica claro é que estamos em um período de transição, e meu conselho para os criadores, profissionais ou não, é: em vez de resistirem, tentem se preparar para isso. Ou seja, tentem adotar a generosidade como parte de sua estratégia de distribuição. Isso pode significar, por exemplo, oferecer gratuitamente a coisa mais incrível que vocês são capazes de criar e, ao mesmo tempo, dar às pessoas a chance de responder com generosidade. (Isso pode ser tão simples quanto criar uma conta no Patreon e deixar claro que vocês dependem do apoio das pessoas para viver.)

E meu conselho para o restante de nós, os beneficiários sortudos dessa torrente inédita de coisas incríveis, é olhar para isso tudo com um olhar generoso. Não é uma sorte haver tantas pessoas dispostas a compartilhar seus melhores trabalhos e termos acesso instantâneo a eles? Isso não tem precedentes na história. Devemos responder da mesma forma. Pegue os artistas que mais o emocionaram, inspiraram, informaram ou ensinaram e apoie-os da forma mais generosa que você puder, da maneira que for mais significativa para eles.

Coletivamente, é possível que estejamos em vias de criar uma economia de oferta rica e variada que, com o tempo, poderá se equiparar ou até mesmo superar a economia transacional de hoje.

Um dia, poderemos olhar para trás, para todas as restrições da criatividade transacional, e agradecer por as coisas terem mudado.

Até lá, se qualquer artista cobrar uma assinatura, participar de campanhas publicitárias ou receber patrocínio, ou, ainda, estabelecer um acesso pago ao seu conteúdo por ser importante para ele no momento, está tudo bem também. É muito possível que tenhamos um modelo misto por bastante tempo. Faça disso o alicerce de sua vida, mas que tal reservar um tempo para um experimento ocasional de generosidade, em que você ofereça algo de maneira surpreendente? Você pode acabar se encantando com a resposta.

3. TODOS ESTÃO VENDO

A reputação sempre foi uma moeda crucial para os seres humanos. Uma grande parte daquilo que fazemos e de nossa felicidade depende do que os outros pensam de nós.

Durante a maior parte da história humana, a reputação das pessoas era moldada pelo pequeno grupo com o qual conviviam. Hoje, um único conteúdo pode entrar na mente de milhares ou até milhões de pessoas em poucas horas, trazendo com ele a reputação de seu criador. É um avanço surpreendente, que pode criar um sem-fim de vantagens para atos considerados bons e desvantagens sem fim para aqueles considerados maus.

A reputação sempre guiou nosso comportamento. Nas pequenas comunidades de nossos ancestrais, ninguém podia se dar ao luxo de ganhar fama de ganancioso ou não confiável. Isso logo resultaria em isolamento social e em uma vida curta e triste.

À medida que as sociedades cresceram e as pessoas passaram a viver entre desconhecidos, em povoados e cidades maiores, ficou mais fácil esconder alguns comportamentos, e algumas pessoas passaram a depender menos da aprovação dos outros. Trapaceiros, vigaristas e vendedores de elixir perambulavam de uma cidadezinha para outra sem maiores consequências. Atos de egoísmo e crimes podiam ser praticados sem que ninguém recebesse uma punição social à altura.

Mas a ampliação desenfreada das formas como nos conectamos fez com que as regras mudassem mais uma vez. Centenas de serviços digitais registram e monitoram nosso comportamento de diferentes maneiras. Pessoas do outro lado do planeta podem contar a alguém sobre algo que escrevemos ou criamos. Essa transparência maior aumenta os riscos para aqueles que se comportam mal e as recompensas para aqueles que agem corretamente. Agora não é apenas o seu povoado que fica sabendo. É o mundo inteiro.

Após disponibilizar suas palestras, o TED floresceu de modo repentino, porque a internet lhe deu uma reputação em nível mundial. Poucas pessoas tinham ouvido falar do TED em 2006. Mas, em poucos anos, milhões de pessoas foram fisgadas. E logo espalharam a palavra.

As doações sempre trouxeram a possibilidade de retorno na forma de crescimento da reputação. E vivemos em uma época em que essa reputação pode se espalhar para os lugares mais recônditos.

Mas será que isso é sempre bom? Para muitas pessoas, a ideia de que alguém do outro lado do mundo em uma corporação poderosa ou de uma agência governamental veja o que estamos fazendo soa como um pesadelo. Você pode pensar que é exatamente esse o problema da internet. Não precisamos de um aumento na reputação; precisamos de *privacidade*.

Sem dúvida, quando as ações de alguém se tornam conhecidas em todo o mundo, o resultado pode ser tanto bom quanto ruim. Um único ato de bondade pode transformar a forma como alguém é visto. Quando o bilionário Robert Smith anunciou, em 2019, durante seu discurso aos formandos do Morehouse College, que pagaria a dívida de empréstimos estudantis de toda a turma, a história bombou nas redes sociais e ganhou manchetes no mundo todo.[9] Sua generosidade foi enaltecida em centenas de publicações na imprensa, e ele foi nomeado pela *Bloomberg* uma das cinquenta pessoas mais influentes daquele ano. Se a intenção de Smith fosse investir nesse tipo de publicidade, o custo seria muito maior do que o dinheiro que ele prometeu.

No entanto, isso também funciona no sentido oposto. Em 2014, a profissional de marketing Justine Sacco resolveu postar um único e infeliz tuíte pouco antes de embarcar em um voo dos Estados Unidos para a África do Sul.[10] Esse tuíte foi repostado por um site de fofocas e viralizou da pior maneira possível. Enquanto ela voava, milhares de críticas chegavam de todas as partes do mundo. Quando aterrissou, ela já havia sido demitida. Não é possível assistir ao TED Talk de Jon Ronson sobre essa história sem sentir o coração acelerar de tanta aflição. Ela levou anos para recolocar sua vida nos trilhos.

Outros se saíram ainda pior. A humilhação na internet pode levar pessoas ao suicídio. E governos e empresas podem explorar todo o conhecimento que possuem sobre nossas ações para nos manipular.

Entretanto, por mais desconfortável que seja, gostaria de argumentar que, em geral, a crescente importância da reputação na internet é uma força benéfica.

Alguns anos atrás, ouvi uma história que me impressionou. Certa noite, um ladrão invadiu uma bela e antiga casa repleta de objetos exóticos e valiosos. Ele ficou admirado ao apontar com cuidado a luz de sua lanterna para as pinturas a óleo gigantescas na parede e para a mobília antiga e polida envolta em tecidos caros. Mas, antes que pudesse pegar qualquer coisa, foi pego de surpresa por uma voz soando acima dele:

— Jesus está de olho em você.

Lutando para manter a calma, ele apontou a lanterna para cima... e gargalhou aliviado.

— Rá! É só um papagaio. Abençoado seja, Jesus.

— Na verdade, meu nome é Polly. Jesus é o rottweiler bem atrás de você.

Conto essa história porque passei os primeiros 25 anos da minha vida acreditando que Jesus estava de fato de olho em mim. E, embora agora eu ache isso improvável, é possível que essa crença tenha me tornado uma pessoa melhor. Por exemplo, ela talvez fosse a responsável por me fazer hesitar antes de mentir ou trapacear. E é provável que, em certas ocasiões, ela tenha me levado a tentar ser mais gentil do que eu seria normalmente.

A mente humana é estranha. Somos, na verdade, bastante frágeis. Temos dificuldade em navegar no complicado mundo social em que vivemos. Achamos desafiador levar em conta as necessidades dos outros. Sem dúvida precisamos de toda a ajuda que pudermos obter.

É por isso que as religiões — e os pais — inventaram uma série de histórias extremamente criativas para nos motivar a fazer o que é certo. Pense no Papai Noel. Ouvi de uma fonte segura que ele não só está fazendo uma listinha de pessoas bem e malcomportadas como a está conferindo duas vezes. Ele com certeza vai descobrir se você foi bonzinho ou arteiro. O Papai Noel está de olho em você.

E ele não é o único. Muitas pessoas foram criadas com a ideia de um Deus onisciente, que monitora nosso comportamento o tempo todo. Isso mudou a maneira como nos comportamos? Certamente sim.

O filósofo Alain de Botton, que é ateu, deu uma palestra no TED argumentando que devemos ter cuidado ao descartar tudo que concerne à religião, mesmo que não acreditemos mais em suas histórias fundamentais.[11] Por exemplo, não é curioso que praticamente todas as religiões recomendem que seus adeptos se reúnam pelo menos uma vez por semana para serem lembrados de seus deveres religiosos e morais? Talvez os seres humanos precisem desses lembretes constantes para aumentar suas chances de fazer o que é certo.

Falamos com admiração sobre os sacrifícios feitos pela "geração grandiosa" ao sobreviver à década da Grande Depressão e vencer a Segunda Guerra Mundial, mas talvez nos esqueçamos de que a cada semana, durante a maior parte de sua vida, eles se reuniam em igrejas, sinagogas e mesquitas para reafirmarem o compromisso com causas maiores do que eles. Agora que boa parte desses ritos ficou para trás — certamente na maioria das nações ocidentais — é surpreendente que o senso de dever cívico também esteja em declínio?

Talvez os seres humanos sejam melhores quando suas decisões são influenciadas pela possibilidade de serem pegos fazendo algo ruim. Sou totalmente a favor do uso de ferramentas de incentivo e inspiração como um sistema de recompensas que leva as pessoas a realizarem as ações certas. Mas se dependêssemos apenas de incentivos positivos, não sei se encontraríamos a determinação para darmos nosso melhor em épocas mais difíceis, sob pressão ou tendo que atender muitos compromissos ou demandas ao mesmo tempo.

Mencionei tudo isso apenas para mostrar como a reputação alimentada pela internet pode ter um papel significativo em nosso futuro. Jesus pode ou não estar de olho na gente, mas a internet sem sombra de dúvidas está.

Sou totalmente a favor de limitar a vigilância que governos e empresas são tentados a adotar. E me preocupo com os excessos da cultura do cancelamento. Se o mundo inteiro agora é um pequeno povoado, por favor, não vamos armar os aldeões com forcados. O que estou defendendo é uma posição com certa nuance, na qual podemos encarar o sistema que deixa nossa reputação à mostra como algo benéfico enquanto tentamos evitar que aconteçam abusos.

Nos próximos anos, suspeito que determinados aspectos da vida serão cada vez mais rastreados e medidos. Podemos lutar contra isso. Ou podemos abraçar o lado bom e planejar um futuro em que nossa reputação seja cada vez mais importante.

Talvez isso realmente traga uma sensação boa. Sem dúvida é uma alegria saber que toda a rede ouviu falar de algo que você fez e que gostariam de agradecê-lo por isso. Mas o outro lado da moeda — o medo da desaprovação — também pode ser benéfico.

E não há problema em às vezes pararmos e nos perguntarmos se algo que estamos considerando fazer será bem recebido pelos outros.

Portanto, essa é a minha conclusão. Entramos em uma era em que, cada vez mais, nosso mantra deve ser: *aja como se todos estivessem de olho*. Porque é bem possível que estejam. Pode ser desconfortável. E sei que nem todos estão prontos para aceitar esse aspecto da nossa era. Mas, muitas vezes, o desconforto é um indicador de progresso. Você terá uma motivação extra para dar o melhor de si. E se, por acaso, você fizer algo grandioso, a notícia pode se espalhar por toda parte, abrindo portas que você não consegue nem imaginar.

A nova lógica da generosidade
Vamos então juntar essas três ideias:

- Coisas não materiais desempenham um papel cada vez mais importante na nossa vida.
- É perfeitamente possível distribuí-las em escala ilimitada.
- Todos estão de olho, o que significa que doar-se tem um impacto incalculável na maior moeda de nossa época: a reputação.

Essa combinação deixa claro por que indivíduos e organizações podem decidir aumentar o papel que a generosidade desempenhe em seu futuro. Juntos, esses princípios criam oportunidades e obrigações para que nós, indivíduos modernos e conectados, pensemos na generosidade de uma maneira totalmente nova. Não precisamos pensar na generosidade apenas como um ato nobre; podemos começar a pensar nela como uma *estratégia* essencial.

E, no entanto, hesitamos em colocar as palavras *generosidade* e *estratégia* juntas. A generosidade deve ser sincera, não calculada. Como podemos conciliar isso?

3
GENEROSIDADE IMPERFEITA

Por que devemos estar abertos às diversas motivações para nos doarmos

Hoje em dia, é quase impossível alguém ser generoso sem ser criticado. Os negativistas estão por toda parte.

Aquela nova iniciativa que foi financiada? *Foi financiada com dinheiro sujo.*

Aquele vídeo que chamou a atenção de milhões de pessoas para um problema terrível? *Bem, ele não mudou o sistema, mudou?*

Pessoas dedicaram um ano de sua vida a serem voluntárias em uma causa? *Elas são uma vergonha. Por que pararam?*

Será que as pessoas inventam desculpas para justificar sua própria inação? Acho que não. Muitas vezes, é difícil decidir o que pensar de um suposto ato de generosidade. Dei uma olhada nas opiniões expressas pelos meus seguidores nas redes sociais quando fiz uma enquete sobre diferentes versões de uma mesma história.

Francis doa cinco mil dólares para uma instituição de caridade. A doação custeia uma cirurgia que restaura a visão de uma criança.

- **Generoso 97%**
- Não generoso 3%

Acrescente este contexto: Francis é um bilionário.

- **Generoso 69%**
- Não generoso 31%

Francis ganhou o dinheiro de uma empresa cujos funcionários têm de suportar péssimas condições de trabalho.

- **Generoso 51%**
- Não generoso 49%

VOLTE AO ZERO. Francis doa cinco mil dólares para uma instituição de caridade. A doação custeia uma cirurgia que restaura a visão de uma criança. Francis não conta para ninguém.

- **Generosos 99%**
- Não generoso 1%

Francis filma todo o processo para um canal do YouTube, com o objetivo de provocar emoções fortes. O vídeo tem cinco milhões de visualizações.

- **Generoso 56%**
- Não generoso 44%

Agora, leve em conta este detalhe: pelo menos cem pessoas que comentaram na página do vídeo no YouTube se dizem inspiradas e agora vão passar a apoiar cirurgias de restauração da visão.

- **Generoso 81%**
- Não generoso 19%

VOLTE AO ZERO. Francis doa cinco mil dólares para uma instituição de caridade. A doação custeia uma cirurgia que restaura a visão de uma criança. Tragicamente, o olho é infectado e a criança morre uma semana depois.

- **Generoso 97%**
- Não generoso 3%

Francis estava ciente de que a instituição de caridade era frequentemente criticada por empregar médicos não qualificados.

- **Generoso 39%**
- Não generoso 61%

VOLTE AO ZERO. Francis doa cinco mil dólares para uma instituição de caridade. A doação custeia uma cirurgia que restaura a visão de uma criança. A criança ficou cega ao desviar sua bicicleta e ser atingida pelo carro de Francis.

- **Generoso 49%**
- Não generoso 51%

O carro estava a cem quilômetros por hora em uma área residencial cujo limite é cinquenta.

- **Generoso 22%**
- Não generoso 78%

Vale notar que algumas pessoas consideraram o ato generoso em todos os casos. Como disse Charles Scott, um dos que comentaram: "Se você doa qualquer quantia de seu próprio dinheiro para ajudar alguém necessitado sem esperar algo em troca, então você é generoso. Sua relativa riqueza ou a forma como você ganhou seu dinheiro pode dizer algo a respeito de sua moral, mas não acho que isso diminua um ato de generosidade". E, às vezes, o contexto que até então parecia negativo pode ser afetado ao conhecermos mais detalhes dele, como quando descobrimos que o vídeo de Francis convenceu outras pessoas a serem generosas.

De maneira geral, meus seguidores pareciam ser mais afetados por qualquer mínimo sinal de que a intenção de alguém pudesse não ser verdadeira. Na verdade, eles se preocupavam muito mais com isso do que com o resultado real da doação. Quando a cirurgia fracassava, e a culpa disso passava longe de Francis, o ato era visto como tão generoso quanto nos casos em que era bem-sucedido. Isso sugere que, quando as pessoas pensam em generosidade, geralmente não estão avaliando os resultados de longo prazo, mas simplesmente a intenção do doador. Foi difícil fazer isso ou foi algo trivial? Foi feito de maneira pura e sincera ou teve outras motivações?

Pense nisso por um momento. É realmente correto que nos importemos mais com a intenção do que com o resultado? Se quisermos pensar na generosidade como uma espécie de teste de caráter, acho que faz sentido. Mas se você, assim como eu, acredita que o nosso futuro depende de quão generosos efetivamente nos mostramos, então talvez seja necessário redefinir nossas suposições.

Kant está errado

A ideia de que a generosidade está relacionada a uma intenção pura faz parte de uma longa linha de pensamento religioso e filosófico. O filósofo alemão Immanuel Kant ensinou que um ato tinha valor moral *somente* se realizado por um senso de dever. Se você obtivesse qualquer outro benefício com isso, seria uma forma de egoísmo.

No entanto, com base nos conhecimentos de psicologia que temos nos dias de hoje, é difícil justificar essa posição. Toda decisão humana visa obter *algum* benefício, mesmo que seja apenas o de atender um apelo da consciência. Atender a esse chamado é como aliviar uma coceira. De certa forma, faz bem. Caso contrário, não o faríamos. Citando o Joey, de *Friends*: "Não existe boa ação desinteressada".

Como estudante de filosofia, passei horas angustiado com isso. Em poucas palavras: como eu *poderia* ser uma boa pessoa se ser bom faz bem? Isso significaria que ser bom é, de certa forma, ser egoísta, o que seria uma contradição. Mas se ser bom não trouxesse alguma satisfação, como eu poderia encontrar a motivação para ser? Como alguém poderia?

Com todas as devidas desculpas a Kant, acho que é hora de deixarmos para lá essa restrição confusa. É normal que as pessoas tenham vários motivos ou bons sentimentos por trás de seus atos generosos. Isso nos deixa livres para focar mais na *eficácia* desses atos do que nos pormenores da motivação por trás. Se um ato generoso resultar em vidas sendo salvas ou beneficiadas, não me importo que a pessoa que o realiza também sinta alegria com isso. Ou que ela no fundo esteja esperando que o ato melhore sua reputação a longo prazo. Na verdade, acho que essas motivações podem ser celebradas. Porque permitem que mais pessoas sejam convencidas a ser generosas.

Em suma, acho que devemos celebrar um mundo em que a generosidade possa ser considerada uma *estratégia* consciente, motivada por diferentes fatores. *Sim*, eu quero atender à necessidade de outra pessoa. *Sim*, eu quero fazer a coisa certa e me sentir bem comigo mesmo. *Sim*, eu quero me doar de uma forma que possa levar outras pessoas a fazerem o mesmo. *Sim*, eu estou entusiasmado com o fato de que tudo isso possa, em última instância, ajudar na minha reputação. Quando aceitarmos coletivamente que tudo isso é normal, grande parte da mesquinhez e da hipocrisia que frequentemente contaminam as conversas sobre generosidade será deixada de lado.

No entanto, ainda há uma linha que pode ser ultrapassada quando atos de aparente generosidade são na verdade cínicos. Como uma empresa que está apenas praticando *greenwashing*.[*] Ou o empresário ambicioso que tenta se redimir se vangloriando de sua filantropia. Ou, no caso anterior, quando Francis foi sobretudo o causador do problema ao dirigir de maneira imprudente.

Eu entendo que provavelmente essas situações não contem como exemplos de generosidade. Mas, mesmo em casos assim, devemos evitar julgamentos precipitados. Não temos como saber o que se passa na cabeça de outra pessoa. Muitas vezes não podemos ter certeza das motivações de alguém, nem mesmo das nossas. Por isso acredito no seguinte princípio: sempre que possível, *conceda o benefício da dúvida a alguém*. Isso por si só já é um ato de generosidade. Um mundo onde todos têm uma visão cínica das motivações dos outros se torna rapidamente sombrio.

Portanto, se alguém doa dinheiro para uma escola local e com isso seu nome aparece no jornal, é bem possível que tenha sido um ato egoísta, com o único intuito de se autopromover. Mas se presumirmos isso, nós mesmos não estaríamos sendo generosos. É muito melhor imaginar que pelo menos parte da motivação veio de um desejo genuíno de ver as crianças da escola em melhores condições. (De qualquer maneira, a ciência sugere que, a longo

---

[*] Prática de empresas que procuram estabelecer uma imagem ambientalmente responsável ou ecologicamente correta, sem de fato adotar práticas sustentáveis. (N. T.)

prazo, a gratidão estimula muito mais a generosidade do que um desejo consciente de obter boa reputação.)[1]

Da mesma forma, não é construtivo criticar a generosidade de alguém só porque achamos que não é o bastante. Realizar mudanças estruturais, ou até mesmo gerar grande impacto em uma determinada questão, são coisas difíceis, e praticamente todas as doações já feitas poderiam ser melhores de alguma forma, mesmo que apenas aumentando o valor dela. Se nos concentrarmos nas imperfeições em vez de nos benefícios alcançados, cairemos na armadilha de deixar que o ótimo seja inimigo do bom. É difícil doar-se. Deveríamos estar encorajando uns aos outros, e não encontrando motivos para nos diminuir. Incentive primeiro, *depois* quem sabe converse sobre como as coisas poderiam ter sido ainda melhores. E esteja pronto para oferecer sua própria contribuição.

Para resumir, não precisamos desconsiderar a generosidade dos outros só porque eles podem ter outros motivos para fazer o que fazem. Sempre há outros motivos. Uma estratégia de generosidade é uma coisa boa. E não existe generosidade "perfeita". A menos que esteja claro que um ato foi realmente cínico, devemos dar às pessoas o benefício da dúvida e celebrar sua bondade.

E os bilionários?

Será que podemos adotar essa mentalidade quando se trata de supostos atos de generosidade por parte dos ultrarricos? Com certeza é mais difícil. Os bilionários filatropos são acusados com frequência de estarem apenas comprando aprovação popular. Ou, o que é pior, de tentar reforçar o sistema falido que os tornou ricos para começo de conversa.

A versão mais extrema dessa contestação diz que não é papel dos cidadãos tentar resolver os problemas sociais. Essa tarefa é do governo. Todos nós deveríamos apenas fazer campanha por um sistema tributário que tirasse uma parcela muito maior dos ricos, a ponto de ser impossível até mesmo se tornar um bilionário.

Tenho muita simpatia por esses argumentos. A crescente desigualdade é, de fato, um grande problema. O fato de os CEOs nos Estados Unidos ganharem cerca de trezentas vezes o salário médio de seus funcionários (em vez de vinte vezes, como era há cinquenta anos) parece terrivelmente errado.[2] E é chocante que os 2.700 bilionários do mundo tenham uma riqueza maior do que os 120 países mais pobres juntos. Ninguém que tentasse projetar um sistema global do zero defenderia isso.[3]

Além disso, é certo que há bilionários que se fizeram de filantropos. E, mesmo quando não é o caso, é revoltante que sejam *eles* a decidir como se dará a mudança. Em uma democracia próspera, as principais decisões sobre nossa vida devem ser tomadas por todos. E a maioria deve ser financiada pelos cofres públicos, via tributação, na qual os ricos pagam impostos muito mais altos.

Eu apoio a ideia de uma tributação maior. No entanto, aqui está o problema: na melhor das hipóteses, isso levaria anos. Parte do motivo é que, sim, os ricos podem usar sua riqueza para influenciar decisões políticas, mas há um motivo ainda mais forte por que isso é problemático. Os ricos têm mobilidade. Eles podem optar por se mudar para outro país. Os impostos, de modo geral, não se deslocam. Cada país os cobra de um jeito. Nenhuma nação pode se dar ao luxo de aumentar os impostos a ponto de afugentar seus cidadãos mais ricos.

Enquanto isso, o capital privado continua se acumulando em quantidades cada vez maiores. Isso vem acontecendo por diversos motivos. Como documentou o economista francês Thomas Piketty, pessoas ricas podem obter ganhos de investimento ajustados à inflação de 5% ou mais ao ano, o que é maior do que a taxa de crescimento econômico da maioria dos países.[4] A média de acumulação de riqueza dessas nações é comparável à de um cidadão médio.

E há uma causa ainda mais fundamental para o aumento da desigualdade: a crescente conectividade do mundo. Há cinquenta anos, se você abrisse uma empresa, provavelmente levaria décadas para alcançar seu primeiro milhão de clientes. Hoje, há exemplos de empresas que alcançaram um *bilhão* de clientes em apenas alguns anos. Facebook, Google e Amazon são três delas. Para as empresas que atuam na internet, o mundo inteiro está a apenas um clique de distância. Deixando de lado práticas comerciais questionáveis, é fácil ver como seus fundadores se tornaram absurdamente ricos.

Então, o que devemos dizer aos bilionários? Que eles podem ficar com sua riqueza enquanto tentamos descobrir como tributá-los ao máximo? Seria sem dúvidas um desperdício de uma das maiores fontes de renda do mundo. Se essa tivesse sido nossa postura nas últimas duas décadas, os esforços globais de combate à poliomielite, ao tracoma, à mortalidade infantil e uma série de outras causas teriam sido prejudicados. A revista *Forbes* estima que a riqueza combinada dos bilionários do mundo é superior a doze trilhões de dólares.[5] Como veremos adiante, esse dinheiro é suficiente para causar um impacto gigantesco em muitos dos maiores problemas do mundo. É uma loucura pensar que, em vez de tentar fazer algo, o dinheiro deveria ficar parado, rendendo ainda mais, de 5% a 10% ao ano.

Eis uma ideia diferente. Por que não sermos um pouco mais estratégicos? Enquanto trabalhamos nas reformas que podem ou não, um dia, conduzir a um mundo mais justo, por que não tentamos persuadir os bilionários a triplicar seus esforços filantrópicos, mas de uma forma que maximize o bem público? O problema não é o excesso de filantropia das pessoas ricas, e sim a falta. De acordo com cálculos da *Forbes*, o total de doações conhecidas ao longo da vida da maioria dos bilionários é inferior a 5% de seu patrimônio líquido.[6] Não devemos dizer a eles que a filantropia que praticam é uma péssima ideia. Deveríamos incentivá-los a fazer muito mais, e iniciar uma discussão sobre que tipo de gasto seria mais valioso.

Suspeito que muitos bilionários gostariam que isso acontecesse. Na verdade, eu *sei* disso. Como vou descrever no Capítulo 12, há vários anos supervisiono uma iniciativa chamada Audacious Project. O objetivo é encontrar bons projetos filantrópicos que sejam do interesse de todos nós e, em seguida, persuadir doadores a apoiá-los. Muitos desses doadores são, de fato, bilionários, e sei, pelas inúmeras conversas que tivemos, quão importante é para eles praticar a filantropia da maneira correta.

Se deixássemos de lado nossa tendência em ver a generosidade através de um filtro de perfeição, poderíamos estabelecer um diálogo mais saudável e produtivo. Poderíamos dar uns aos outros, ricos e pobres, o benefício da dúvida, e avaliar se é possível trabalhar nisso juntos. Nosso objetivo não é ostentar uma virtude perfeita. É tentar melhorar as coisas. E isso acontece passo a passo, com todos nós reconhecendo os esforços uns dos outros, e incentivando uns aos outros a encontrar maneiras ainda melhores de doar-se.

A VIDA VISTA POR UM FILTRO DE PERFEIÇÃO

Mas, para começo de conversa, como encontramos a motivação para sermos generosos? Com tantas outras demandas em nossa vida, não é antinatural e irracional olhar para além de nós mesmos?

Essa é uma pergunta fundamental. Uma das alegrias de estar à frente do TED tem sido conhecer alguns dos principais psicólogos e biólogos evolucionistas do mundo. Quero compartilhar o que aprendi em suas palestras, seus livros e nas várias conversas que tive com eles. Tudo me pareceu fascinante e estimulante.

4
Superpoderes secretos

As poderosas sementes da generosidade dentro de cada ser humano

Por volta dos meus vinte anos, enquanto ia deixando de lado as crenças religiosas, uma pergunta me fez parar. Sem Deus em minha vida, que motivo eu teria para tentar fazer o que é certo? Para ser gentil com as pessoas? Para não ser egoísta?

Eu sempre pensei que a consciência havia sido criada por Deus para servir de bússola moral. Se Deus não existia, como *alguém* poderia justificar alguns sacrifícios em nome do bem comum? Afinal de contas, não estaríamos apenas em busca de atender nossos próprios interesses? Não foi isso que a biologia secular nos ensinou? Que éramos animais evoluídos empenhados na batalha pela sobrevivência, como qualquer outra criatura?

Mas quando comecei a me identificar com os escritos de pensadores importantes fora do círculo religioso, passei a entender que não era isso o que a biologia moderna ensinava. Em vez de sermos programados somente para o egoísmo, aprendi que a evolução também poderia criar criaturas com um forte desejo de agir de maneira altruísta. São esses instintos que tornam possível a generosidade contagiante.

A menina e o carpinteiro
Na noite de 5 de fevereiro de 2022, um carpinteiro de 37 anos chamado Mohammed Mehboob estava em um cruzamento ferroviário em Bhopal, na Índia. Voltando para casa após orar em sua mesquita, ele e seus companheiros pararam para um trem de carga passar. Uma jovem de mochila no ombro e roupa vermelha parou com sua família perto deles. Para a surpresa de todos, o trem parou. A menina e sua família começaram a atravessar os trilhos com outras pessoas — mas, de repente, o trem começou a andar outra vez. Enquanto as pessoas corriam para sair da frente dele, a menina prendeu o pé no trilho e caiu. Em meio a gritos de pânico, Mohammed olhou para trás e a viu esparramada nos trilhos, e o trem se aproximando rapidamente.

A garota tentou se levantar, mas caiu mais uma vez, paralisada de medo. Mohammed correu de volta para os trilhos. Em uma fração de segundo, viu que era tarde demais para tirá-la dali, então pulou nos trilhos e a segurou perto do chão, cobrindo sua cabeça. Momentos depois, o trem rugia sobre eles, vagão após vagão passando a poucos centímetros da cabeça deles. Finalmente, os ruídos daquela imensa máquina deram lugar a suspiros de alívio. Tanto Mohammed quanto a garota conseguiram se levantar e sair ilesos dos trilhos.

Mohammed seguiu para casa — ele nem sequer parou para perguntar o nome da menina. Quando um vídeo de seu salvamento heroico viralizou, ele respondeu, com modéstia, que agiu apenas por instinto.[1]

Que força é essa capaz de fazer com que uma pessoa aja dessa forma com um estranho? Ela certamente vem do que há de mais profundo em alguém. Ações desse tipo são repentinas, espontâneas, sem a menor sombra de dúvida altruístas e corajosas, e muito provavelmente surpreendem tanto a pessoa que a realiza quanto as demais.

Duvida? Talvez você sinta que jamais conseguiria fazer o que Mohammed fez. Isso pode ser verdade. Mas, se você estivesse lá, com certeza teria *sentido* alguma coisa. Horrorizado com o avanço do trem, você teria sentido um forte impulso de proteger aquela pobre garota. Talvez esse desejo tivesse sido compensado por um desejo maior de não arriscar sua vida. Porém, o simples fato de você ter tido essa vontade já é extraordinário.

Pense nisto: você está voltando para casa e vê a mesma garota sentada em um banco à beira da estrada. Ela cobre a cabeça com os braços. Está tremendo de medo. O motivo não é claro. Mas você percebe que ela está em profundo sofrimento. E não há ninguém por perto. O que você faz?

Dessa vez, mais pessoas teriam agido. Poderíamos pelo menos ir até ela e perguntar se está tudo bem. Mas, ainda assim, nem todos fariam isso. O instinto de generosidade é sempre compensado, em menor ou maior grau, por outro instinto chamado aversão à perda. Nós simplesmente não queremos abrir mão do que temos, e isso inclui abrir mão do nosso nível atual de conforto. Talvez você esteja atrasado para um jantar importante. Talvez ache que, se for se sentar ao lado dela, poderá se envolver em algo que não quer. Talvez pense que ela está ali como isca para alguma emboscada. Mas, mesmo que a aversão à perda acabe vencendo, garanto que você terá sentido um forte impulso de ajudar a garota. Esse sentimento é o desejo bruto, entranhado em cada ser humano, de cuidar uns dos outros.

Por que esse sentimento existe? Somos entidades biológicas tentando sobreviver. Por que nos distrair com sentimentos arriscados, que podem nos levar a agir de acordo com os interesses de outra pessoa em vez dos nossos?

Como genes egoístas podem criar pessoas não egoístas

Às vezes, pensamos em nossa história evolutiva como uma linhagem de seres vivos numa competição sangrenta uns contra os outros: "Natureza, vermelha em dentes e garras", como disse Alfred Lord Tennyson. Mas há muitas maneiras de competir. Acontece que um dos melhores jeitos de um grupo de animais sobreviver e prosperar é tornar-se instintivamente *não* egoísta.

Muitos animais desenvolveram esse instinto: formigas, golfinhos, elefantes, cães e chimpanzés, para citar só alguns. E humanos também. Há diversas formas pelas quais esse instinto pode ter se desenvolvido. É como o cientista cognitivo Steven Pinker me explicou: "Tudo o que você precisa é de uma realidade em que um organismo possa conceder um grande benefício a um outro por um pequeno custo para si mesmo, que esses papéis possam se inverter e que os membros de uma espécie inteligente e social possam tirar proveito dessas assimetrias".

Em outras palavras, grupos que convivem e têm a sofisticação mental para lembrar como cada membro se comporta em várias interações, vão prontamente adaptar uma forma de generosidade recíproca. "Tenho comida de sobra nesse momento, por isso posso dividir um pouco com você. Isso não necessariamente vai me custar muito, mas pode salvar sua vida. Você vai se lembrar do que fiz e, um dia, vai dividir sua comida comigo. Todos nós vamos nos beneficiar."

Para que todo esse potencial fosse cumprido, os seres humanos precisaram construir ao longo do tempo um conjunto de adaptações emocionais essenciais, incluindo simpatia pelos necessitados, gratidão por aqueles que ajudaram, raiva daqueles que trapaceiam e nunca retribuem e culpa por não fazerem o suficiente. São essas emoções agindo em conjunto que impulsionam nosso instinto de generosidade e garantem que ele seja empregado com frequência, de forma justa e eficaz. E os genes que formam essas emoções criaram uma extraordinária estratégia para sobreviverem, prosperarem e serem transmitidos. Nossos ancestrais de fato transmitiram esses genes para nós.

Grupos internos e externos
Essas emoções foram adaptadas para o modo de vida dos seres humanos que viviam como caçadores-coletores em pequenos grupos com cerca de 150 indivíduos, e, como consequência, elas não necessariamente se estendem para além dos membros de nossa tribo. Na verdade, pesquisas em psicologia confirmam que a maioria de nós divide naturalmente as pessoas em "grupos internos" e "grupos externos".[2] Normalmente, o primeiro grupo

é formado por pessoas com as quais crescemos ou que fazem parte de nossa comunidade. Nossos instintos empáticos são muito mais fortes com aqueles que fazem parte do nosso grupo interno. Em relação àqueles vistos como pessoas de fora, podemos ter uma reação inicial de indiferença, suspeita ou até mesmo crueldade.

Mas aqui está algo interessante. Experimentos sociológicos mostraram que a fronteira entre o grupo interno e o grupo externo é instável. Ela não está ligada de forma indelével a características como cor da pele, religião, geografia ou sotaque. Por exemplo, de acordo com um estudo, dar um nome a um grupo diversificado de indivíduos, ou simplesmente sentá-los juntos, é capaz de criar entre eles a mesma lealdade de um grupo interno.

Em outros estudos, foi observado que conhecer a história de alguém muda a forma como essa pessoa é vista. Ao ver que outro ser humano tem os mesmos medos, as mesmas esperanças e os mesmos sonhos que você, tratá-lo como alguém do seu grupo interno torna-se algo totalmente natural. Acredita-se que a difusão do hábito de leitura de romances tenha ajudado a expandir o círculo de empatia das pessoas, e efeitos semelhantes ocorrem quando se assiste a filmes e programas de tv.[3]

Em 2008, o TED ajudou a premiada cineasta Jehane Noujaim a criar um dia (o Pangea Day) no qual 1 milhão de pessoas ao redor do mundo passou quatro horas assistindo a filmes que compartilhavam histórias poderosas contadas por pessoas de diferentes países. A ideia era que, se nos colocássemos no lugar do outro, ficaríamos mais próximos. E essa foi certamente a experiência relatada por aqueles que participaram. Winnet Murahwa, estudante de uma escola no Havaí que aderiu ao Pangea Day com seus colegas, comentou:

"Não conseguia tirar os olhos da tela. Foi uma experiência espiritual para mim". Sua colega de classe, April Sanchez, concordou: "Eu me senti mais humana sabendo que no mundo todo havia pessoas como eu passando pelas mesmas dificuldades".

Portanto, nós, seres humanos, desenvolvemos instintos que fortalecem a generosidade em nosso grupo interno, mas temos a capacidade de expandir esse grupo interno indefinidamente. Isso é promissor! E agora vamos nos voltar para outro instinto que desempenha um papel fundamental na ampliação do alcance de nossa generosidade.

O impulso de reagir

Os seres humanos são conhecidos por retribuir todos os tipos de comportamentos sociais. Se você for brincalhão comigo, eu serei brincalhão com você. Se for cruel comigo, é melhor tomar cuidado.

O desejo natural de reagir da mesma forma é uma parte essencial do nosso mecanismo de generosidade. Diversos experimentos sociais demonstraram isso, inclusive um novo e importante experimento que vamos abordar no próximo capítulo. Se as pessoas forem gentis com a gente, instintivamente reagiremos no mesmo espírito, tanto em nossas ações futuras em relação a elas quanto aos outros. Isso independe do fato de já fazermos parte do grupo interno dessas pessoas. Na verdade, esse impulso de reagir é uma forma natural de expandir os grupos internos.

Testei esse instinto de reação em várias ocasiões e sempre me surpreendi com os resultados. Um exemplo: uma vez fui convidado para dar uma palestra na escola que frequentei em Bath, na Inglaterra. No início da palestra, entreguei meu celular para o grupo de formandos nas fileiras da frente (a maioria com dezessete ou dezoito anos) e convidei-os a digitar seu endereço de e-mail caso quisessem participar de um experimento que seria estressante e demorado, mas que revelaria algo importante sobre cada um deles.

Treze alunos tiveram a coragem de escrever seu e-mail. No final da palestra, para a surpresa dos pais e da equipe docente, eu disse que estava enviando mil libras para cada um deles e que poderiam gastar como bem entendessem no mês seguinte, com uma única condição: que relatassem mais tarde como gastaram o dinheiro.

O temor do diretor quanto a festas regadas a drogas se mostrou infundado. Quase todos os alunos gastaram o dinheiro em causas externas que apoiavam. Dois anos depois, a experiência ainda era significativa para eles.

Por exemplo, um aluno, Archie Griffiths, repassou a doação para uma instituição de caridade chamada CALM, que desenvolvia um trabalho de prevenção ao suicídio de homens. Mas sua pesquisa sobre o trabalho da instituição também o inspirou a se tornar um voluntário dela. Ele me disse: "Aquilo me mostrou que o esforço de uma pessoa pode salvar vidas".

Outra aluna, Ophelia Fellhauer, dividiu seu dinheiro entre uma organização LGBT e um grupo no Malaui que capacita meninas. Ela escreveu: "Pude passar um tempo com as pessoas que receberam o dinheiro e ver o impacto que isso teve na vida delas. É a sensação mais incrível e gratificante, e uma coisa que nunca vou esquecer. Esse experimento foi uma das experiências mais inspiradoras e motivadoras que tive na escola".

Será que as decisões desses alunos foram influenciadas pelo fato de terem de revelar depois em que o dinheiro foi gasto? Teriam sido apenas uma forma de demonstrar virtude? Em parte, sim, sem dúvida. Mas considere estes dois pontos de vista: (1) eles ainda poderiam ter facilmente gastado esse dinheiro em coisas necessárias para o primeiro ano na universidade ou algum outro investimento em seu próprio futuro, por exemplo, e (2) a hipótese de que eles podem ter se preocupado com o impacto que suas escolhas teriam em sua reputação os coloca exatamente na mesma posição que quase todas as pessoas que fazem doações em nosso mundo cada vez mais transparente. A reputação importa, e é fantástico que ela possa incentivar a generosidade. Devemos celebrar essas motivações de interesse próprio a longo prazo.

Existe outra forma na qual a generosidade pode se tornar naturalmente contagiante. Mesmo que não seja você o destinatário da generosidade, o simples fato de ver outra pessoa sendo generosa pode inspirá-lo a ser generoso. Em certa medida, isso se aplica a todas as características humanas. Somos extremamente influenciáveis. O trabalho de Nicholas Christakis e outros mostram que o comportamento adotado por um indivíduo espalha-se como fogo em palha pelas redes humanas. Se nosso círculo de amigos — e os amigos deles — apresentarem comportamentos distintos, é bem possível que nós mesmos adotemos esses comportamentos. Mas, no caso da generosidade, o efeito é ampliado pelo que o psicólogo social Jonathan Haidt chama de "elevação moral".[4] Quando testemunhamos uma boa ação de alguém com terceiros, isso tem um efeito físico real sobre nós — um sentimento caloroso que nos inspira a querer seguir o exemplo, criando assim potencial para uma reação em cadeia de bondade.

Há um vídeo no YouTube chamado "Kindness Boomerang", do grupo Life Vest Inside, que retrata esse tipo de reação em cadeia. É uma cena na rua, em que um ato de bondade inspira uma sequência de outros. Curiosamente, o simples fato de assistir a esse vídeo parece ter criado esse mesmo sentimento de elevação — o vídeo tem mais de 30 milhões de visualizações e centenas de milhares de comentários que dizem coisas como: "Eu costumava assistir a esse vídeo o tempo todo no carro, indo para a escola, e ele me moldou como ser humano. Ele me inspirou a praticar muitos atos de bondade…".

Portanto, pense nisso. Você não precisa ver um ato generoso no mundo real. O simples fato de assisti-lo em um vídeo pode ser o bastante para desencadear uma reação de elevação moral. Depois, lembre-se de que hoje os vídeos podem ser compartilhados gratuitamente com uma infinidade de pessoas. É promissor, não é mesmo?

Além da empatia

Então somos feitos para ser generosos e para reagir à generosidade, seja como beneficiários ou apenas como testemunhas. Esses são dois fatos belos e pouco divulgados. Ao juntá-los, fica claro como as reações em cadeia do comportamento generoso podem deslanchar. Mas precisamos estar atentos a uma coisa. Porque, embora nosso instinto de generosidade seja profundo, ele nem sempre nos leva exatamente na direção certa. Ele foi desenvolvido para um mundo onde vivíamos em pequenas comunidades. Costuma ser ativado quando vemos uma pessoa em sofrimento ou em risco. Não é um guia perfeito para pensarmos na melhor forma de ajudar grupos maiores ou o planeta como um todo.

O psicólogo Paul Bloom argumentou que confiar demais apenas em nosso instinto empático pode fazer com que nos concentremos apenas nas necessidades de indivíduos que acreditamos fazer parte de nosso grupo interno e com que ignoremos os interesses mais amplos da sociedade. E pode fazer com que nos preocupemos mais com os indivíduos do que em ajudar um número maior de pessoas. Não conseguimos *enxergar* grupos maiores. Não é por acaso que instituições de caridade que utilizam a foto de uma única criança em sofrimento conseguem arrecadar dinheiro mais facilmente do que aquelas que dizem salvar a vida de milhões de pessoas.

Nosso eu reflexivo versus nosso cérebro reptiliano
A solução aqui não é confiar em nossos instintos, mas envolver nossa mente reflexiva. Em minha formação religiosa, aprendi que a vida é uma batalha entre nossos demônios internos e nossa divindade. Os detalhes podem estar errados, mas há uma versão moderna dessa história que considero fundamental para entendermos a nós mesmos. Hoje em dia, muitas vezes, a principal batalha mental com a qual precisamos lidar acontece entre o *eu instintivo* e o *eu reflexivo* que há em nós. Eles são, em sua essência, dois sistemas mentais diferentes, como foi elaborado de maneira brilhante pelo psicólogo Daniel Kahneman em seu livro *Rápido e devagar: duas formas de pensar*.

Nosso eu instintivo é o que ele chama de pensamento do sistema 1, "uma máquina de tirar conclusões precipitadas".[5] Ele opera de maneira rápida, tão rápida que muitas vezes não nos damos conta de suas ações. Tem controle imediato sobre nossos músculos e pode nos fazer fugir do perigo, mas também pode ser acompanhado por emoções básicas intensas: medo, desejo, raiva, ganância. Às vezes, uso o termo "cérebro reptiliano" para descrever essa parte de nós. Não estou sugerindo que exista em nós um lagarto interior; é apenas uma maneira simples e útil de me referir ao nosso eu instintivo.

Ao contrário dos demônios da minha juventude, nosso cérebro reptiliano nos traz muitos benefícios importantes, oferecendo decisões eficientes, rápidas e inconscientes em nossa vida; muita emoção; muito prazer; e — sim — os principais instintos que impulsionam nossa generosidade. Mas nosso cérebro reptiliano também pode nos trazer sérios problemas. Por trás de toda história de violência, vício ou crueldade impensada, há a influência do cérebro reptiliano. E no que diz respeito à generosidade, somos conduzidos por nossos instintos básicos apenas até certo ponto.

Felizmente, isso é parte do que somos. Somos os únicos animais que desenvolveram um córtex pré-frontal gigantesco. Sim, parte dele é usada para aprimorar nossas atividades instintivas, mas também nos permitiu ter um eu reflexivo, nossa voz de sabedoria e controle, o que Kahneman chamou de pensamento do sistema 2. Essa é a parte de nós que é responsável por contar histórias sobre quem somos e quem queremos ser. É a parte que luta contra a procrastinação e tenta organizar cuidadosamente a vida para que ela seja produtiva, gratificante e generosa. Se você já se pegou perguntando: "Como posso ser minha melhor versão?", esse é o seu eu reflexivo falando. Quando estivermos prestes a morrer, nos perguntando se estamos orgulhosos da vida que tivemos, é essa parte reflexiva de nós que vai fazer o julgamento.

Portanto, em praticamente todos os aspectos da vida, precisamos recorrer à nossa mente reflexiva e perguntar qual a melhor forma de canalizar nossos instintos. Podemos fazer uma analogia com a dieta. Nosso cérebro reptiliano deseja todo açúcar e toda gordura que estiver ao nosso alcance, tornando muito fácil hoje em dia comer só porcarias. Para evitar que isso aconteça, é necessário o envolvimento do eu reflexivo. Assim, quando o assunto é generosidade, precisamos canalizar de maneira consciente nossos impulsos de empatia para serem usados da melhor forma. A generosidade contagiante só vale a pena quando dissemina atitudes sábias e profundamente refletidas.

A generosidade torna você mais feliz

Há um outro elemento em nosso modelo psicológico que, se fosse mais conhecido, poderia incentivar ainda mais a generosidade. Trata-se de uma descoberta das ciências sociais: *a generosidade torna você mais feliz.*

A empresa de pesquisas Gallup faz levantamentos entre pessoas de todos os países sobre muitos aspectos da vida, incluindo renda, padrões de consumo e níveis de felicidade.[6] Uma análise de 230 mil entrevistados em 136 países revelou algo espetacular. Aqueles que relataram ter doado dinheiro para a caridade no último mês eram significativamente mais felizes do que os demais. O tamanho do impacto na felicidade foi comparável ao de ter sua renda anual *duplicada*. Pense nisso um pouco. A maioria das pessoas acredita que um aumento de 20% em sua renda faria uma enorme diferença em sua vida, mas os dados da Gallup sugerem que elas podem ser tão felizes — e muito mais — ao simplesmente optarem por ser generosas.

Lembre-se de que os dados mostram correlação, e não necessariamente causalidade. Talvez pessoas felizes tenham mais probabilidade de doar dinheiro do que pessoas infelizes. Mas outros estudos trazem evidências abundantes de que há de fato uma ligação causal. Em um experimento típico, indivíduos escolhidos aleatoriamente que são convidados a gastar determinada quantia em dinheiro com outras pessoas relatam níveis mais altos de felicidade do que aqueles que gastam o dinheiro com si mesmos.

Uma das principais pesquisadoras desse ramo é a professora Elizabeth Dunn, da Universidade da Colúmbia Britânica. Em seu TED Talk, ela relatou um estudo no qual crianças pequenas são o foco, e até mesmo elas apresentaram marcadores de felicidade maiores quando dão guloseimas do que quando as recebem.[7]

Portanto, a ciência parece endossar fortemente a sabedoria atestada por muitas das figuras mais inspiradoras da história: a generosidade traz felicidade. E, no entanto, não acho que muitas pessoas acreditam de verdade nisso. Muito do que é dito sobre a felicidade é um lugar-comum. O amor pode fazer você feliz. A beleza — seja na arte ou na natureza — pode fazer você feliz. Um trabalho relevante pode fazer você feliz. O dinheiro — até certo ponto — pode fazer você feliz.

Sabemos que tudo isso é verdade e nos dedicamos dia e noite a alcançar essas coisas, mas poucas pessoas falam sobre a profunda felicidade que vem do ato de doar.

Um dos motivos dessa disparidade é que a felicidade vinda da doação muitas vezes não é percebida com antecedência. Quando o assunto é amor ou sucesso material, nossa mente fica obcecada. Desejamos essas coisas, com a certeza de que elas nos trarão alegria. Já no caso da generosidade, nem tanto. Muitas vezes, a generosidade é dominada pela aversão à perda. "Se eu doar essa coisa, vou perdê-la para sempre. É preciso ter cuidado!" Somente depois de agirmos é que experimentamos um sentimento de alegria e satisfação.

Isso cria uma perigosa assimetria entre nosso instinto de adquirir e nosso instinto de doar.[8] Desejamos o ganho material, acreditando que ele nos trará alegria. De fato, *superestimamos* o que está por vir. A realidade é que a maioria dos ganhos materiais traz consigo apenas uma felicidade de curto prazo. Logo em seguida, passamos pelo que é chamado de adaptação hedônica. Ou seja, simplesmente nos acostumamos com o que ganhamos e começamos a correr atrás da próxima coisa que desejamos.

Assim, de certa forma, estamos sendo manipulados por nossos próprios genes para nos tornarmos máquinas de aquisição com um apetite insaciável. É possível entender por que esses genes surgem e prosperam. Eles podem ser uma das principais razões pelas quais nossa espécie de estranhos macacos sem pelos se espalhou de forma implacável pelo planeta. Mas isso não significa que esses macacos tenham experimentado uma felicidade duradoura com isso.

Por outro lado, parece que a felicidade gerada pela generosidade é menos suscetível à adaptação hedônica. Em um experimento em que os participantes puderam gastar dinheiro regularmente com si mesmos ou com outras pessoas, de início, ambos os grupos relataram ganhos em satisfação. Porém, com o passar do tempo, foi no segundo grupo que o nível de satisfação não diminuiu.

Nós, seres humanos, somos estranhos. A felicidade mais estridente acaba não sendo o bastante, enquanto sua versão mais sutil pode durar uma vida inteira.

Durante toda a nossa existência, estaremos divididos entre o desejo de acumular e o desejo de doar — ser um tomador ou um doador de recursos. Batalhas semelhantes ocorrem em inúmeras outras áreas do comportamento humano: dieta, raiva, sexo, procrastinação. Temos o dever de examinar mais de perto nosso comportamento instintivo e utilizar a parte mais reflexiva de nossa mente para regulá-lo. Poderemos descobrir que, se reduzirmos nosso desejo de obter mais em favor de atos constantes de generosidade, nossos níveis de felicidade a longo prazo vão disparar.

O provérbio chinês a seguir talvez soe um pouco cínico em relação ao casamento, mas, tirando isso, ele diz tudo: *Se você quer ser feliz por uma hora, tire um cochilo. Por um dia, vá pescar. Por um mês, case-se. Por um ano, herde uma fortuna. Por uma vida inteira, ajude alguém.*

Juntando os pontos

Ao juntarmos as peças, fica fácil ver como a generosidade contagiante pode se tornar uma força potente. Há dois instintos profundamente enraizados na maioria dos seres humanos: (1) o desejo visceral de ajudar os outros e (2) o impulso automático de responder à gentileza com gentileza, seja como destinatário ou como observador. Esses dois instintos acendem um fogo capaz de espalhar a generosidade por toda parte. No entanto, precisamos controlar e direcionar esse fogo com sabedoria reflexiva para que ele tenha o máximo de impacto positivo. Aplicar essa sabedoria pode ser um desafio. No entanto, se persistirmos, nossos esforços não serão bons apenas para o mundo, mas também para nós. Eles nos trarão uma felicidade profunda, que faz com que a vida valha a pena ser vivida.

E agora acho que temos uma resposta para a pergunta que costumava me assombrar. Se deixarmos de lado as exortações religiosas, que motivos teríamos para ser generosos? O que podemos dizer às pessoas que preferem apenas cuidar da própria vida? Talvez isto:

Nem sempre é óbvio, mas a generosidade é uma parte essencial de quem somos. Quer você pense que fomos criados por Deus ou pela evolução, estamos programados para cuidar uns dos outros. Nossa realização mais profunda só ocorre quando vemos que a generosidade é uma parte fundamental da nossa vida. Ninguém pode dizer a você quais são suas obrigações para com seus semelhantes. Mas é realmente importante que você encontre suas próprias respostas para essa pergunta. Sua reputação, sua felicidade a longo prazo e a felicidade das pessoas ao seu redor dependem disso.

Essas verdades sobre a natureza humana me impactaram de uma forma muito forte quando tive a chance de ajudar a orquestrar um experimento social único. Vou compartilhar com você os bastidores do que aconteceu.

5

Experimento Misterioso

*Por que desconhecidos na internet receberam
dez mil dólares e o que aconteceu depois*

Em 2019, um casal da comunidade TED fez um investimento inesperado. Eles queriam retribuir a sorte que tiveram doando dois milhões de dólares, uma boa parte de sua fortuna. Mas, em vez de simplesmente apoiar o TED ou alguma outra causa, eles começaram a se perguntar se não haveria outra forma de doar o dinheiro.

A ideia que eles tiveram sem dúvida foi criativa. Audaciosa, até. Eles decidiram distribuir o dinheiro anonimamente entre estranhos, dez mil dólares de cada vez. E eles queriam colaborar com o TED e com cientistas sociais para ver se poderíamos ajudar a ampliar o impacto dessas doações.

Por já ter visto sinais do poder da generosidade, fiquei entusiasmado com a oportunidade de ajudar nesse improvável projeto, e propus uma versão 2.0 do experimento que realizei em minha escola, descrito no último capítulo. Em um trabalho em conjunto com a professora de psicologia Elizabeth Dunn e sua equipe de pesquisa na Universidade da Colúmbia Britânica, ajudamos a elaborar o que veio a ser conhecido como Experimento Misterioso.

Veja como funcionou.

O convite

Em dezembro de 2020, convidei pelas redes sociais as pessoas a se inscreverem em um projeto de pesquisa incomum. "Vai ser empolgante, surpreendente, um pouco demorado, talvez estressante, mas pode mudar sua vida." Nenhuma menção a dinheiro.

Usamos a hashtag #MysteryExperiment e acabamos com cerca de mil candidatos, nenhum deles sabia no que estava se inscrevendo. Selecionamos um amplo grupo de duzentas pessoas de sete países (Indonésia, Brasil, Reino Unido, Estados Unidos, Canadá, Austrália e Quênia) e enviamos a elas um vídeo com as boas notícias: cada uma delas receberia um presente de dez mil dólares de "um casal anônimo da comunidade TED" (transferido para uma conta do PayPal no nome deles). Eles poderiam gastar o dinheiro como quisessem. As únicas regras eram:

- O dinheiro tinha que ser gasto nos três meses seguintes.
- Eles tinham que nos informar de que forma o dinheiro foi gasto.

Havia um outro detalhe importante. Metade do grupo foi incentivada a manter a notícia em sigilo. A outra, a compartilhá-la com seus seguidores nas redes sociais e a aqui e ali fazer postagens quando gastassem parte do dinheiro. (Havia também um grupo de controle de cem pessoas que receberam apenas uma pequena quantia para responder à pesquisa. Não saíram ganhando, mas deram uma validação científica crucial ao experimento.)

A reação

Os resultados foram realmente empolgantes.

Assim como os treze alunos na Inglaterra, a grande maioria dos duzentos beneficiários dos fundos do Experimento Misterioso reagiu simplesmente doando uma parte significativa do dinheiro! Em média, *apenas um terço* do dinheiro foi gasto com suas próprias vontades e necessidades. O restante foi dado a amigos, familiares e causas externas. Mesmo aqueles que tinham uma renda mais baixa e para quem a soma representava uma guinada na vida doaram em média dois terços do que receberam.

Essa é uma prova convincente contra a chamada teoria da escolha racional da economia, que postula que, em geral, as pessoas só gastam o que ganham com si mesmas. Talvez as pessoas façam isso com o dinheiro que ganham trabalhando. No entanto, quando são beneficiárias da generosidade de outra pessoa, elas sentem um forte desejo de retribuir da mesma forma.

Uma surpresa é que não houve diferença significativa entre aqueles que puderam tomar suas decisões de maneira privada e aqueles que tiveram que compartilhar seus gastos nas redes sociais. Isso quer dizer que as pessoas estavam doando motivadas por um instinto natural de retribuição, e não pela necessidade de aprovação daqueles que as seguiam em suas redes.

As histórias

Após a conclusão do experimento, entrei em contato com alguns dos participantes e fiquei impressionado com o que me contaram.

Lydia Tarigan, diretora de criação residente na Indonésia, não gastou quase nada dos 140 milhões de rupias indonésias que recebera diretamente. Em vez disso, deu dez milhões a um colega de trabalho a quem se sentia grata. E a mesma quantia a outra pessoa. Deu cinco milhões a um colega que não conhecia tão bem, mas que recentemente havia sido diagnosticado com câncer. Doou milhões de rupias para o World Wildlife Fund, para vítimas de enchentes e uma instituição de caridade voltada para o resgate de animais. E pagou exames de saúde para familiares.

"Quando soube que tinha sido selecionada", disse ela, "gritei a plenos pulmões. A generosidade é extraordinária. Ela faz com que quem a recebe se sinta visto. É como se você desse a essa pessoa seu respeito próprio. Constrói-se uma ponte que conecta quem doa a quem recebe. Por isso eu quis fazer com que outras pessoas se sentissem vistas, assim como eu me senti."

Esse desejo instantâneo de reciprocidade foi muito bem articulado por Claire Maxwell, do Canadá: "Eu sempre pensava nos doadores e em meu sentimento de querer deixá-los orgulhosos. Eles assumiram um enorme risco financeiro, e eu queria fazer tudo o que fosse possível para retribuir isso. Acredito que teria feito escolhas diferentes se tivesse ganhado a mesma coisa na loteria. Na verdade, nunca senti que aquele dinheiro era para eu gastar sozinha — ele me foi dado por uma família que pensou além de si mesma. Foi um privilégio compartilhar o presente dado por eles com outras pessoas".

Sarah Drinkwater, uma executiva do ramo de tecnologia do Reino Unido, decidiu doar todos os dez mil dólares e imediatamente teve sua determinação testada quando, no dia seguinte, recebeu uma cobrança inesperada de impostos em um valor ainda maior. Mas ela manteve sua decisão e fez vinte minidoações de quinhentos dólares cada, financiando, por exemplo, um piquenique para aposentados, o mural de um artista e brinquedos sensoriais para crianças com autismo. "Todos os dias", disse ela, "eu cruzo com alguma coisa que financiei — o minibanco alimentar do bairro, feito em impressora 3D, o jardim de flores do lado de fora de uma escola local. Muitas das pessoas para quem doei me disseram que, além do dinheiro, o reconhecimento público de seu trabalho foi o que lhes deu mais força. Esse projeto fez com que eu me lembrasse das coisas que considero verdadeiras — comunidade, cuidado, alegria, agir com generosidade —, são coisas que os outros também consideram importantes, e que eu deveria acreditar em mim mesma."

Kirk Citron, dos Estados Unidos, disse: "Em vez de pensar nos brinquedos que eu poderia comprar para mim, eu rapidamente me dei conta: 'Se a pessoa por trás do Experimento Misterioso pode doar dois milhões de dólares, eu certamente posso doar dez mil dólares'. Decidi 'passar adiante' e, ao doar o dinheiro para a Humanity Now (a organização que escolhi), convidei outras pessoas a 'passarem adiante' comigo. Muitos se juntaram a mim até que conseguimos fazer uma doação de 27 mil dólares. Generosidade inspira generosidade".

É impressionante a quantidade de pessoas que falaram do desejo que sentiram de responder à generosidade dos doadores. (Para ser claro, não havia absolutamente nenhuma obrigação formal de que eles fizessem isso. Foi dito que poderiam gastar o dinheiro como quisessem. E não havia motivo para pensar que voltariam a ter notícias dos doadores anônimos.) Dessa forma, o experimento forneceu algumas das evidências científicas mais convincentes da inclinação das pessoas em reagir à generosidade sendo elas mesmas generosas. A maioria dos experimentos anteriores foi baseada em pequenas doações feitas a estudantes universitários de psicologia. Esse foi o maior estudo realizado, envolvendo uma soma muito maior e com abrangência em vários países. Em todas as culturas e em todos os níveis de renda, as pessoas responderam à generosidade com generosidade.

Sob o prisma da felicidade

Mas houve também evidências da forte correlação entre generosidade e felicidade. Pedimos às pessoas que classificassem cada item relevante entre os gastos de acordo com a felicidade que sentiam ao lembrar daquilo. O gráfico a seguir mostra os resultados, onde 0,0 no eixo X indica felicidade média, enquanto os valores positivos indicam felicidade acima da média. As doações proporcionaram muito mais prazer do que os gastos pessoais.

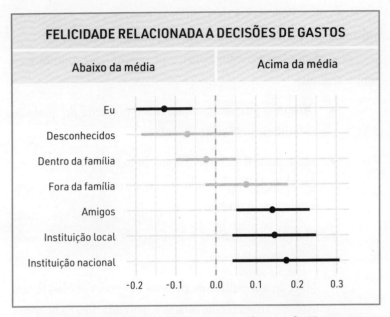

Uma das descobertas mais surpreendentes do Experimento Misterioso foi descrita em um artigo publicado na revista *Proceedings of the National Academy of Sciences* (PNAS) no final de 2022. Ele trazia a estimativa de que a doação do casal anônimo havia superado em mais de duzentas vezes a quantidade de felicidade que seus dois milhões de dólares poderiam ter proporcionado a eles.[1] O artigo vem sendo citado como um dos mais fortes argumentos até o momento para que os ricos sejam generosos com sua riqueza.

Vamos nos deter nesse ponto por um momento, pois ele mostra o que pode acontecer quando a generosidade se torna exponencial. O que aconteceria se, em vez de financiar o experimento, o casal de doadores tivesse decidido guardar o dinheiro? Bem, isso certamente teria garantido uma segurança financeira extra para eles, o que não é pouca coisa. Poderia ter deixado duas pessoas e seus familiares próximos um pouco mais confortáveis por alguns anos.

No entanto, ao prosseguir com o experimento, eles contribuíram para o seguinte:

- Duzentas pessoas ganharam um presente do qual vão se lembrar pelo resto da vida.

- Mais de mil pessoas foram beneficiadas por conta das doações repassadas pelas duzentas pessoas que receberam o dinheiro.

- Mais de quinhentas organizações em todo o mundo receberam doações.

- Mais de um milhão de pessoas nas redes sociais foram expostas (uma média de seis vezes cada uma) a histórias de generosidade compartilhadas usando a hashtag #MysteryExperiment. Algumas delas reagiram da mesma forma. (Uma delas adotou um orangotango!)

- Dois artigos científicos demonstraram os benefícios indiretos da generosidade em uma escala nunca antes possível.

- Felicidade. Muita felicidade. De acordo com o artigo da PNAS, a felicidade que o próprio casal poderia tirar do dinheiro foi multiplicada em mais de duzentas vezes. (Na verdade, eles revelaram que, longe de tirar a felicidade deles, a experiência só lhes proporcionou alegria.)

- Este livro. Foi a visão privilegiada que tive desse experimento que me convenceu de que precisava escrever sobre generosidade.

Portanto, no fim das contas, o que esses dois fizeram é uma demonstração significativa do que pode acontecer quando você turbina uma doação financeira com a ousadia da internet. Os belos efeitos disso estão aí para todos verem.

Poucas pessoas têm a chance de doar dois milhões de dólares. Mas não é o valor que importa. Qualquer ato de bondade pode ser amplificado. Tudo o que você precisa é de disposição para sonhar um pouco mais alto e ser corajoso.

Isso porque estamos em uma era como nenhuma outra na história. Novos superpoderes estão à nossa disposição. É hora de aceitá-los.

Pausa para a gratidão

Estamos prestes a começar a Parte 2 de nossa jornada, onde iremos arregaçar as mangas e analisar os aspectos práticos de tornar a generosidade contagiante. Vamos ouvir dezenas de histórias em que a generosidade contagiante foi posta em prática e explorar tudo o que podemos fazer para contribuir. Mas, antes de seguirmos, vamos fazer uma pausa. Existe outro aspecto da generosidade que precisamos levar em consideração antes.

A generosidade contagiante começa com o que está acontecendo dentro da nossa própria cabeça. Precisamos encontrar o caminho para uma mentalidade generosa, que está no âmago de toda doação. Devido aos desafios diários da vida, é fácil passarmos a maior parte do tempo imersos em nossas próprias preocupações. Mas, nesse estado de espírito, será quase impossível se imaginar fazendo algo por outra pessoa.

Então, como ter uma mentalidade generosa?

Você pode começar sendo generoso *consigo mesmo*. Muitos de nós nos sentimos sufocados pela sensação de não sermos dignos. Nesse estado de espírito, é difícil olhar para os lados. Dan Harris fez um belo (e hilário) TED Talk sobre como cultivar a compaixão por si mesmo. Depois que sua família, seus amigos e colegas o informaram de que ele era autocentrado, exagerado e cruel com a equipe júnior, Harris tentou de tudo para resolver o problema.[1] Como já meditava (embora, como se deu conta, "ainda fosse um idiota"), ele se inscreveu em um retiro de nove dias de amor e bondade, "o que, para mim, soava como comemorar o Dia dos Namorados com uma arma apontada para a cabeça". Ele não ficou impressionado quando o professor do retiro lhe informou que, ao encarar seus demônios, ele deveria dizer: "Está tudo bem, querido, estou aqui para o que você precisar".

Durante seis dias, disse à plateia do TED, ele foi refém de sua raiva e seu egocentrismo. Finalmente, no último dia, cedeu. Recusou-se a se chamar de "querido", mas, mesmo assim, colocou a mão no coração: "Sei que isso é um saco, mas eu tenho você". E teve uma epifania. "Para que eu seja menos babaca com as pessoas, preciso começar sendo menos babaca comigo mesmo."

Com base nisso, devemos procurar usar a ferramenta mais importante para ativar o que há de melhor em nós: a gratidão. Como o Experimento Misterioso demonstrou de forma tão clara, quando acreditamos que recebemos algo, é natural e prazeroso passar esse presente adiante. E é surpreendente a quantidade de coisas pelas quais *podemos* ser gratos.

Uma vez, funcionários recém-chegados ao TED se apresentaram compartilhando algumas coisas pelas quais eram gratos. Um engenheiro começou como a maioria dos outros: "Meus pais, minha irmã, meus amigos, minha educação, a natureza...". Então ele fez uma pausa e continuou: "A eletricidade. Não é incrível que, em qualquer lugar que vá, você possa conectar um dispositivo e ter acesso livre a energia?". Foi uma resposta muito boa.

E quanto àquilo que eu mesmo sou grato? Depois dos meus entes queridos, a minha lista inclui: ciência, encanamento, aquecimento central, os livros que me moldaram, a internet (apesar de tudo), árvores, o céu noturno, a invenção do mergulho autônomo, a surpreendente capacidade dos seres humanos de reimaginar e remodelar o futuro. A questão é que quase todos os aspectos da vida moderna podem ser enquadrados como algo pelo qual devemos ser gratos. A grande maioria dos nossos ancestrais viveu sob a ameaça constante de fome, doença, perigos, desconforto ou violência. A maioria de vocês que está lendo este livro não vive uma vida assim.

Uma ótima maneira de começar o dia é meditar sobre uma única coisa pela qual você é grato. Tente escolher algo diferente todos os dias durante um mês. Depois é só repetir o processo. Fazendo assim, é natural que você queira compartilhar algo bom com os outros.

Portanto, para nos prepararmos para o que está por vir, considere a reflexão do monge beneditino austríaco-americano David Steindl-Rast, que passou muitas décadas buscando pontos em comum entre pessoas de todas as crenças. O cineasta Louie Schwartzberg tem um vídeo do TED que combina essas palavras com imagens impressionantes de nosso belo mundo. Quando me sinto insignificante ou estou introspectivo, essa é a minha terapia.

> Comece abrindo os olhos e surpreenda-se com o fato de você ter olhos que podem ser abertos, essa incrível variedade de cores que nos é a todo tempo oferecida para nosso puro deleite. Olhe para o céu. Raramente olhamos para o céu. Raramente notamos como ele muda momento a momento, as nuvens indo e vindo. Pensamos apenas no tempo que faz e, mesmo nesses casos, não pensamos nas diversas nuances dele. Pensamos apenas em "tempo bom"

e "tempo ruim". Este dia, neste exato momento, possui um tempo único, talvez de um tipo que nunca mais voltará a ocorrer exatamente dessa forma. A formação de nuvens no céu nunca mais será a mesma de agora. Abra seus olhos. Testemunhe isso.

Olhe para o rosto das pessoas que você conhece. Cada uma delas tem uma história incrível por trás do rosto, uma história que você jamais poderia compreender totalmente, não apenas a própria história delas, mas a de seus antepassados. Todos viemos de um passado muito distante e, nesse momento, nesse dia, todas as pessoas que você conhece, a vida de tantas gerações e de tantos lugares do mundo inteiro flui com você aqui, como água que fornece vida, desde que você abra seu coração e beba dela.

Abra seu coração para os presentes incríveis que a civilização nos dá. Você aperta um interruptor e a luz acende. Você abre uma torneira e sai água quente ou fria, ou água potável.

Deixe que a gratidão transborde em bênçãos ao seu redor.

E então será um bom dia.[2]

O.k., estamos prontos...

PARTE II
Como

Todos podem participar

6

SEIS MANEIRAS DE DOAR QUE NÃO TÊM A VER COM DINHEIRO

Atenção, criar pontes, conhecimento, conexão, hospitalidade, encantamento

Vamos começar com uma ótima notícia. A generosidade contagiante não se resume a preencher cheques. Longe disso. Muitos dos exemplos mais inspiradores e eficazes de generosidade envolvem a doação de tempo e energia, de talento e amor, adaptados a uma necessidade específica. Esse tipo de doação está ao alcance de todos.

Essas doações podem assumir diversas formas: trabalho voluntário, atos simples de generosidade ou até mesmo apenas sorrir para alguém que cruza o seu caminho. Tudo isso é importante. Mas, neste capítulo, vamos nos concentrar em seis maneiras de doar tempo e atenção com grande potencial para gerar efeitos em cascata.

1. MUDANÇA NA ATENÇÃO

O mestre zen Thich Nhat Hanh ensinou que a atenção é o presente mais precioso que podemos dar a alguém. Certamente, toda generosidade começa exatamente assim: na disposição em parar de focar em nós mesmos e prestar atenção em outra pessoa e suas necessidades. A partir desse ato de conexão, tudo pode acontecer.

Em 2015, Joshua Coombes era barbeiro em Londres. Um dia, voltando do trabalho, viu um conhecido na calçada, em situação de rua. A maioria dos londrinos passa por pessoas em situação de rua todos os dias, como se fossem invisíveis, mas Joshua não. Ele se aproximou do homem e perguntou como ele estava. E então teve uma ideia. Joshua estava com a máquina de cortar cabelo e uma tesoura, e ofereceu ao conhecido um corte de cabelo gratuito ali mesmo na rua.

"Enquanto isso, ele me contou sua história",[1] escreve Joshua em seu livro *Do Something for Nothing* [Faça algo sem pedir nada em troca]. "Nós nos conectamos e nos tornamos próximos." Tocado pela experiência, Joshua começou a circular pelas ruas de Londres sempre que podia, oferecendo cortes de cabelo a pessoas em situação de rua. Por fim, diminuiu sua jornada de trabalho para meio período, podendo passar mais tempo nas ruas.

Joshua achou sua nova vocação incrivelmente gratificante. Ao estabelecer um senso de confiança imediato, descobriu que as pessoas que ia conhecendo passavam a contar mais de sua vida. Ouvir as histórias extraordinárias e muitas vezes angustiantes de seus clientes em situação de rua era, por si só, uma recompensa. Ficou impressionado com a resiliência e a coragem deles, e sentia gratidão pelo tempo que passavam juntos. Decidido a espalhar suas histórias e acabar com as suposições preguiçosas sobre pessoas em situação de rua, Joshua foi para o Instagram. Postou fotos de seus clientes sem-teto "antes e depois do corte", contou suas histórias (nas próprias palavras deles) e incluiu a hashtag #DoSomethingForNothing [Faça algo de graça]. Em seguida, começou a se hospedar na casa de amigos e conhecidos em todo o mundo, dedicando seu tempo a pessoas em situação de rua em quatorze cidades do continente americano, da Europa, da Índia e da Austrália, e transmitindo suas histórias pelas redes sociais. Em pouco tempo, sua fama no Instagram resultou em colaborações com marcas e ONGs.

Joshua conquistou mais de 150 mil seguidores que se comoveram com as histórias que ele compartilhava no Instagram.[2] Quando divulgou campanhas de financiamento coletivo para conseguir acomodações para seus amigos, o dinheiro veio.[3] A hashtag #DoSomethingForNothing se tornou um movimento social, e a caixa de entrada de Joshua se encheu com mensagens de pessoas prometendo ajuda. Joshua escreve que uma das melhores escolhas que fazemos todos os dias é ter consciência de como interagimos com as pessoas ao nosso redor. "Dê o benefício da dúvida às pessoas até que provem o contrário. Que dificuldade existe em dizer oi?"[4]

A verdade é que dizer oi *pode* ser difícil. Passamos a maior parte do tempo perdidos em nosso próprio mundo. Muitas vezes relutamos em focar nos problemas que os outros estão enfrentando, pois só vão complicar nossa vida. Por isso criamos barreiras. E isso significa que muitas das pessoas que poderiam realmente se beneficiar da nossa atenção nunca se sentem vistas. A generosidade da atenção é, portanto, a generosidade de estarmos dispostos a nos sentir um pouco desconfortáveis, a derrubar essas barreiras, a ceder um pouco do nosso tempo, a correr o risco de nos importarmos com o outro.

Essa generosidade é ainda mais complicada para os introvertidos. Sei disso porque sou um deles. Nosso mundo interior é onde mais nos sentimos seguros. As interações humanas externas exigem um pouco mais de energia. No entanto, quando nos conectamos, a sensação pode ser muito especial. E conversas humanas profundas, individuais, podem ser muito mais tranquilas do que o inferno que é tentar puxar papo em uma festa. Mesmo que você seja introvertido, esse tipo de mudança na atenção pode ser gratificante.

Uma ressalva importante. Em algumas circunstâncias, pode ser perigoso dar ouvidos a estranhos, especialmente se você for mulher. Não estou sugerindo que você deva se colocar em risco. Esteja pronto para ser generoso, mas seja cauteloso também.

E quanto à crítica de que as intervenções de Joshua não abordam diretamente os problemas estruturais que causam a falta de moradia? Pessoalmente, estou disposto a conceder o status de herói àqueles prontos para melhorar a vida de outra pessoa, mesmo que operem em um sistema falho.

Ninguém aqui está sugerindo que atos individuais de bondade devam substituir o enfrentamento dos problemas estruturais. Pelo contrário, eles apenas ajudam a preparar o caminho. Se não praticarmos a generosidade uns com os outros, nunca vai acontecer uma mudança estrutural. Cada ato generoso de envolvimento, por menor que seja, pode iniciar alguém em uma jornada muito frutífera. Outro exemplo disso a seguir.

John Sweeney cresceu na Irlanda. Ele se sentia invisível. Quando criança, sofria bullying de seus colegas e até mesmo dos professores. "Eu me sentia a criança mais solitária do mundo, como se não tivesse nada nem ninguém", disse ele a Kate, minha assistente de pesquisa. Anos depois, já adulto, passou por uma experiência que lhe revelou o valor de prestar atenção. Viu uma jovem sem-teto nas ruas de Cork, comprou uma marmita para ela e parou para conversar. Devido à pobreza e a uma doença crônica, ela tinha dificuldades para cuidar de seus três filhos e se sentia completamente invisível.

"Quero que você saiba que me importo com você, mesmo sem conhecê-la", disse John a ela. "Você é absolutamente importante e eu te vejo." Aquilo levou os dois às lágrimas. "O fato de você ter parado para falar comigo significa muito para mim", disse a mulher.

John contou a história para seus filhos, que passaram a palavra adiante. Pouco depois, um dos amigos das crianças — um garoto chamado Isaac — fazia compras de Natal na vizinhança e encontrou a mesma jovem mãe. Isaac decidiu dar a ela cinquenta euros — toda a sua mesada de Natal — para que a mulher comprasse presentes para os três filhos. A mãe e as crianças já haviam perdido completamente a esperança de comemorar o Natal. A história se espalhou e acabou virando notícia nacional.

Ao se dar conta de que prestar atenção em um estranho, mesmo que por um momento, era uma forma poderosa de espalhar a bondade, John encontrou um jeito de facilitar que outras pessoas fizessem isso. Ele tinha ouvido falar da tradição italiana do *caffè sospeso* — o "café compartilhado", como se tornou mais conhecido no resto do mundo. A ideia é simples: os clientes de uma cafeteria compram um café extra, além do seu próprio como um presente que qualquer pessoa pode pedir. Essa pessoa pode ser alguém mais pobre ou em situação de rua. No entanto, muitas vezes, os que pedem são pessoas que só estão passando por um dia difícil. Um ato gentil vindo de um estranho pode ser tudo o que é preciso para mostrar a essas pessoas que elas são importantes e tornar a vida suportável — e até mesmo bela. Para quem dá o presente, basta lembrar que há outras pessoas por aí que adorariam o luxo que você está prestes a se permitir. E que você pode facilmente dar esse presente a elas.

John assumiu a missão de espalhar o café compartilhado pelo mundo todo. O momento para essa ideia havia chegado. Em dois anos, duas mil cafeterias em 34 países estavam promovendo o café compartilhado, e o movimento agora conta com quinhentos mil seguidores no Facebook.

John recebe todos os dias mensagens de agradecimento de donos de cafeterias e de participantes do café compartilhado. Um homem escreveu para ele da Filadélfia: "John, você não me conhece, mas o impacto que sua mensagem teve em minha vida foi enorme". O homem tinha ouvido John e se inspirou nele ao fazer amizade com um usuário de drogas em situação de rua, pagando-lhe um café todos os dias durante dois meses. Nesse tempo, passou a se importar profundamente com seu novo amigo. Então, pagou dois meses de hospedagem para ele, além de um programa de reabilitação — com a condição de que ele "trabalhasse duro e desse uma guinada em sua vida". O ex-dependente químico fez exatamente isso e se matriculou na Universidade da Filadélfia: o efeito cascata de um ato de bondade que começara muitos anos antes e a muitos quilômetros de distância.

A Generous Coffee Shop em Denver, Colorado, dá um passo além nesse conceito. Quando os clientes entram na cafeteria, são recebidos por um grande quadro de avisos com centenas de notas de crédito escritas à mão:

- PARA: Uma nova mãe solo. É seu. DE: Outra mãe solo (dez dólares)
- PARA: Alguém que está estudando para o exame da ordem dos advogados. DE: Alguém que está fazendo o mesmo (cinco dólares)
- PARA: Um desconhecido com o coração partido. DE: Soren e Ellie (seis dólares)
- PARA: Alguém com dificuldades no primeiro ano de seu próprio negócio. DE: Alguém que chegou lá (vai melhorar!) (seis dólares)

O café e o bolo gratuitos ficam muito mais gostosos por terem vindo de um estranho: um estranho que não é apenas generoso, mas que tem empatia com o que você está vivendo, se importa e quer ver você superar essa situação.

Você não precisa criar uma organização global para praticar esse tipo de generosidade. Tudo o que precisa fazer é voltar sua atenção para alguém e sua história. Seja parando para ter uma conexão significativa com alguém necessitado ou separando meia hora para pesquisar uma causa que considera importante, você já começou sua jornada da generosidade. Você se dispôs a presentear os outros com sua atenção. E caso se mantenha aberto para continuar a jornada, ela poderá ter resultados nunca imaginados.

2. CONSTRUIR PONTES

Em nossa era hiperconectada, há um tipo de generosidade que é cada vez mais importante: a disposição de estender a mão para aqueles com quem estamos em conflito. Hoje em dia, muitas disputas acontecem on-line, diante de todos. Um público enorme é capaz de ficar totalmente ligado nas brigas que acontecem na internet. E se pudéssemos trazer uma resolução satisfatória para vários desses conflitos?

É difícil se aproximar daqueles que nos criticam. Isso é um desafio ainda maior para uma mentalidade generosa. Sacrificar seu conforto pessoal pelo bem maior de unir as pessoas. Mas se você for bem-sucedido, haverá um enorme benefício indireto: você vai estar ajudando a mudar o tom do debate público atual. Isso é um presente para todos nós.

Dylan Marron está acostumado com os haters da internet. Orgulhoso criador de conteúdo progressista, Marron produziu uma série de vídeos para as redes voltados para a justiça social, abordando tópicos como a brutalidade policial e a experiência de pessoas trans em banheiros. Marron logo aprendeu que "a maneira mais rápida de subir no algoritmo"[5] era retratando o mundo em preto e branco, com uma dose pesada de ironia e sarcasmo. No entanto, à medida que suas visualizações aumentavam, também aumentavam os comentários agressivos de desconhecidos: "Você é um merda"; "Você é um desperdício de oxigênio"; e até mesmo ameaças de morte.[6]

Revoltado com a enxurrada de ódio, Marron desenvolveu um mecanismo de enfrentamento inesperado. Ele enviou uma mensagem para alguns de seus trolls, perguntando se gostariam de falar com ele ao telefone. Marron queria provar para si mesmo que seus haters eram seres humanos.

Em seu TED Talk, Marron descreve a primeira conversa telefônica que teve com alguém que o havia trollado:[7] um americano de dezoito anos chamado Josh, que dissera que ele era um idiota e que ser gay era pecado. Embora não tenham conseguido se entender no que diz respeito a religião, Dylan e Josh conseguiram criar um vínculo a partir da experiência em comum de terem sofrido bullying no ensino médio e do amor dos dois pelo filme *Procurando Dory*.

"Será que a nossa única conversa telefônica curou em definitivo um país politicamente dividido e resolveu a injustiça estrutural? Com certeza não, certo?", disse Dylan. "Mas será que nossa conversa nos humanizou diante do outro mais do que as fotos de perfil e as postagens conseguiriam? Sem dúvida." Dylan ficou tão emocionado com a conversa com Josh que criou um podcast chamado Conversations with People Who Hate Me [Conversas com pessoas que me odeiam]. Em seu papel de justiceiro social da internet, Dylan percebeu que havia ficado preso em uma câmara de eco. Talvez, refletiu ele, "a coisa mais subversiva a ser feita fosse falar de verdade com as pessoas de quem discordamos, e não apenas falar coisas para elas"[8] — apesar da sensação de intensa vulnerabilidade.

Como Dylan demonstrou, muitas vezes a chave para construir uma ponte é ligar para o seu adversário — ou até mesmo ficar cara a cara com ele.

Durante 22 anos, Craig Watts trabalhou como fornecedor de frangos na Carolina do Norte. Todo ano, ele criava setecentas mil aves de corte em uma granja industrial para a gigante do setor alimentício Perdue Farms. Em 2014, Watts estava farto do marketing da Perdue Farms, que considerava desonesto, assim como da exploração de produtores como ele. Também não se sentia à vontade com o evidente sofrimento das aves. Então deu um passo audacioso: procurou se envolver com alguém que tinha todos os motivos para odiá-lo. Leah Garcés era vegana e ativista dos direitos dos animais. Craig a convidou para visitá-lo em sua casa e filmar a fazenda: um ato que colocou todo o seu sustento em risco.

"Antes de conhecer Craig, eu não tinha um pingo de simpatia por esses fazendeiros",[9] Leah contou mais tarde no podcast Changed My Mind. "Ele representava tudo aquilo contra o que eu vinha lutando até o momento em que o conheci. Para mim, foi um grande choque me dar conta de que estava sentada na sala da casa dele, examinando documentos, ouvindo sua história e me comovendo com seu sofrimento."

Os dois fizeram um vídeo juntos expondo as condições chocantes da fazenda de Craig. Acredita-se que tenha sido a primeira vez que um criador de frangos em escala industrial tenha aberto voluntariamente as portas de seu galpão para uma equipe de filmagem. O vídeo teve um milhão de visualizações em 24 horas, e teve cobertura dos jornais *The New York Times* e *The Washington Post*, além das revistas *Wired* e *Vice*. E também deu origem a um documentário. A experiência inspirou Leah. "Se eu me colocar nessas situações desconfortáveis, com quem mais eu poderia fazer parcerias?", pensou.

Isso a levou a se sentar à mesa com o próprio Jim Perdue, o CEO da Perdue Farms e o vilão de seu documentário. Estava determinada a chegar a um consenso. E chegou. Alguns anos depois, a Perdue lançou sua primeira política de bem-estar animal. Embora Leah tenha sido criticada nas redes sociais por ter se reunido com Perdue, os resultados falam por si. Leah agora lidera a Mercy for Animals, uma das organizações que mais lutam pela reforma da pecuária industrial.

Mais do que nunca, nosso momento exige a construção dessas pontes. Nossas diferenças políticas e culturais foram acentuadas de forma alarmante nos últimos anos, a ponto de muitas pessoas viverem em uma câmara de eco que promove a aversão ao outro lado. Na verdade, aqueles que falam mais alto nas redes sociais não querem que ninguém do outro lado seja respeitado.

Isso faz com que estender uma mão amiga seja algo extremamente difícil. É por isso que estender essa mão requer uma generosidade corajosa — generosidade com a pessoa do outro lado da questão e generosidade com o espaço público, que necessita urgentemente de diálogo. Para citar o site da organização BridgeUSA, "Vamos conversar uns com os outros, porra". O próprio "construir pontes" pode gerar reações inspiradoras e surpreendentes.

Ciaran O'Connor cresceu em Manhattan. É filho de jornalistas progressistas, e seu pai gostava de contar que uma vez foi alvo de gás lacrimogêneo por protestar contra as políticas do presidente Richard Nixon. Por ter crescido na cidade de Nova York, Ciaran sempre se considerou alguém que valorizava a diversidade, com amigos de todas as raças e classes. Abraçando valores progressistas, ele começou a trabalhar na campanha de Barack Obama e, mais tarde, de Hillary Clinton. No entanto, quando começou a trabalhar para a organização bipartidária Braver Angels, sediada nos Estados

Unidos, acabou se tornando amigo de alguém que nunca teria imaginado... um republicano.

Esse republicano, John Wood Jr., também era progressista quando mais jovem em Culver City, Califórnia. Até que sua vida mudou. Após se casar com uma soldado, ter se mudado para uma cidade militar, passar por uma conversão religiosa e ler o romance *A revolta de Atlas*, de Ayn Rand, sua mentalidade mudou profundamente, e ele se tornou vice-presidente do Partido Republicano do condado de Los Angeles. No entanto, assim como Ciaran, ele se convenceu de que buscar um denominador comum era essencial para o futuro de seu país. Assim, também se juntou à Braver Angels.

"Mesmo que as pessoas não concordem entre si, é possível nos identificarmos com as histórias de cada um", disse Ciaran a Kate. "Histórias que são únicas para cada pessoa, mas nas quais emoções e valores comuns vêm à tona." Para Ciaran, John é "gentil e inteligente. Confiante, mas humilde". Para John, Ciaran "se preocupa com as pessoas, independentemente de sua posição política. Tudo o que ele faz é com o intuito de tornar esse país um lugar melhor para todos". Os dois agora percorrem faculdades e campi juntos, falando sobre como a amizade deles supera as diferenças políticas e cantando duetos do musical *Hamilton*.

Não estou dizendo que você deva sempre presumir que as pessoas têm boas intenções. Em alguns casos, existem motivos reais para ser cauteloso. Mas o que não podemos fazer é presumir que elas têm más intenções. Em vez disso, procure primeiro ouvir e entender. Há uma frase que minha mãe deve ter dito milhares de vezes, que eu gostaria que estivesse incorporada a todas as redes sociais: "Não julgue as pessoas até conhecer a história delas".

Essa é a chave para a construção de pontes. Pense em todos como seres humanos com uma história única. Esteja pronto para ouvir de verdade aqueles de quem você discorda instintivamente.

Isso não significa que tudo tenha que acabar em concessões frustrantes. A Braver Angels deixa claro que o objetivo da organização não é se contentar com um "meio-termo insosso". Seu manifesto incentiva as pessoas a adotarem estes dois pontos: "Expressamos nosso ponto de vista de forma livre, completa e sem medo" e "Tratamos com honestidade e respeito aqueles que discordam de nós".

Esse respeito básico pode mudar tudo.

Uma iniciativa em Taiwan revela uma maneira de se construir essa ponte em grande escala. A ministra de Assuntos Digitais de Taiwan, Audrey Tang, a primeira pessoa a ocupar esse cargo, contribuiu para o lançamento de um programa chamado vTaiwan, que reúne on-line cidadãos com o intuito de descobrir áreas de concordância em vez de discordância.[10] Com base em uma plataforma chamada Polis, que mapeia como determinados pontos de vista podem se relacionar com os de outras pessoas, o vTaiwan tem sido usado para construir pontes em várias questões. Por exemplo, durante um intenso debate sobre se a Uber deveria ou não ser regulamentada, o vTaiwan descobriu que o que unia a todos era um desejo de maior segurança. Essa descoberta indicou uma clara tendência para uma regulamentação simplificada com a qual ambos os lados ficaram satisfeitos.

Todos na internet podem desempenhar um importante papel na construção de pontes. Até mesmo um ato simples como uma resposta gentil a um comentário desagradável na internet pode influenciar a maneira como outra pessoa decide reagir. Pode ser que seu comentário, capaz de criar essa ponte, não viralize de imediato, nem inspire um podcast ou ganhe alguma menção no *New York Times*. Mas agir de uma forma que inspire outra pessoa a construir essa ponte pode gerar um impacto surpreendente. Acredito que essa forma de generosidade será fundamental para construirmos os bens comuns de que o mundo tanto precisa.

3. COMPARTILHAR CONHECIMENTO

Como diz o ditado clichê: "Ensine alguém a pescar e você o alimentará por toda a vida". O conhecimento adquirido pelos seres humanos ao longo dos séculos tem um valor inestimável. O fato de ele poder ser compartilhado livremente é um dos superpoderes de nossa espécie. Em inúmeras circunstâncias, o maior presente que podemos dar é o conhecimento — conhecimento para resolver um problema, suprir uma necessidade ou abrir um caminho à nossa frente.

Os professores têm dedicado sua vida a essa forma de generosidade contagiante. Mas vivemos em uma época em que qualquer pessoa pode ser professor, de uma maneira ou de outra. O YouTube e o TikTok são plataformas que só fizeram aumentar o compartilhamento de conhecimento.

Em 2004, um analista de fundos de cobertura chamado Sal Khan começou a oferecer aulas de matemática para sua prima Nadia, que estava com dificuldades em conversão de unidades. À medida que Nadia melhorava nas aulas de matemática, a notícia foi se espalhando e Sal foi soterrado com pedidos de aulas particulares de outros familiares seus. Em poucos anos, dar essas aulas se tornou um problema, mas felizmente uma nova ferramenta chamada YouTube tinha acabado de ser lançada. Sal começou a gravar e postar suas aulas para que seus parentes pudessem assistir quando quisessem. Então descobriu algo surpreendente. Sua família na verdade *preferia* as aulas em vídeo. Com elas, eles podiam aprender no próprio ritmo, voltando o vídeo quando necessário. Além disso, podiam assisti-las sempre que quisessem. Cada vez mais pessoas começaram a assistir e, em pouco tempo, Sal largou o emprego para se concentrar na criação da Khan Academy, que oferece educação on-line gratuita para qualquer pessoa no mundo. Desde então, suas aulas foram vistas mais de duas *bilhões* de vezes.[11] E a história não para por aí. Em 2023, a Khan Academy tornou-se uma das primeiras a adotar a inteligência artificial. Sal prevê um futuro em que as crianças poderão ter seu próprio tutor gerado por IA, capaz de oferecer orientação personalizada em todos os aspectos do aprendizado.

Quando pensamos no compartilhamento de conhecimento como um exemplo de generosidade, esse compartilhamento torna-se ainda mais poderoso. Nosso melhor conselho para alguém que vai falar no palco do TED é pensar na palestra não como uma oportunidade de apresentar algo (um negócio ou uma causa), mas como um *presente*. É uma chance de compartilhar com o público ideias valiosas sem custo algum. Essas ideias têm o potencial de impactar a vida de um ouvinte por anos. Quando os palestrantes dão esse foco a suas palestras, o público é muito mais propenso a abraçá-las e prestar atenção em cada palavra.

Uma das coisas mais bonitas de se compartilhar conhecimento é que, mesmo depois de transmiti-lo, ele permanece com a gente. Como disse Thomas Jefferson: "Aquele que acende sua vela na minha recebe luz sem me deixar no escuro". É certo que o doador está abrindo mão do monopólio desse conhecimento — além do tempo e do esforço necessários para compartilhá-lo. Mas os benefícios para aqueles que o recebem podem compensar esses sacrifícios em muito. E, uma vez que o conhecimento tenha sido recebido, pode ser prontamente transmitido, possibilitando reações em cadeia que podem dar muitos frutos.

Se você possui conhecimento do qual outras pessoas podem se beneficiar, pense em como poderia compartilhá-lo para criar efeitos em cascata. O que pode custar algumas horas de preparo e execução tem o potencial de iluminar a vida de alguém — e isso pode ser apenas o começo. Como disse Ella Baker, ativista pelos direitos civis: "Dê luz às pessoas e elas encontrarão um caminho".

4. PERMITIR CONEXÕES

Em nossa era hiperconectada, as redes às quais temos acesso são mais importantes do que nunca. Portanto, uma das melhores formas de espalhar generosidade é ajudar as pessoas a se conectarem umas com as outras.

A maneira mais simples de fazer isso é apresentar alguém. Esse é um tipo de generosidade que muitas vezes ignoramos. No entanto, como argumentou o psicólogo e palestrante do TED Adam Grant, é algo bastante fácil de se fazer e muito valioso para quem recebe. Pode levar apenas alguns minutos, mas, se você fizer com consideração, pode mudar a vida de alguém. Pergunte às pessoas como elas conheceram seu parceiro, como conseguiram o emprego dos sonhos ou encontraram o colaborador perfeito para seu projeto criativo, e a resposta geralmente vai ser a mesma. Alguém

— um amigo, um vizinho, um colega — os apresentou à pessoa certa. Na prática, isso é dar a outra pessoa acesso à sua rede de recursos. E essas apresentações podem ter resultados inesperados.

Em seu ted Talk, Elizabeth Dunn falou sobre a alegria que ela e seus amigos tiveram ao receber uma família de refugiados sírios em Vancouver.[12] Havia doações materiais envolvidas, com certeza — arrumar a casa, fornecer mantimentos e roupas, por exemplo — mas, vários anos depois, os refugiados afirmaram o quão importante foi terem sido incluídos em uma comunidade e quão determinante isso foi em seu dia a dia. Eles disseram a Kate que se sentiram como se tivessem se tornado parte de uma grande família.

Waqas Ali e Sidra Qasim cresceram na zona rural do Paquistão e sonhavam em fazer algo significativo no mundo. Seu vilarejo era conhecido pela fabricação de calçados, e eles tentaram abrir um negócio aproveitando as habilidades dos artesãos locais. Mas foi difícil. A alemã Ulrike Reinhard conheceu o local de trabalho deles e realizou um ato de generosidade que se mostrou transformador. Ela *os conectou* à sua rede de amigos e contatos. Isso levou a um convite para visitar os Estados Unidos e trouxe assistência para obter o visto.

"Nem Sidra nem eu nunca tínhamos pisado em um avião naquela época. Não fazíamos ideia de como os hotéis e as acomodações seriam caros", contou Waqas. Mas um outro grupo de contatos cuidou disso. Waqas recebeu uma bolsa de estudos da Acumen, a organização global sem fins lucrativos que combate a pobreza por meio do empreendedorismo, e sua rede em São Francisco lhes ofereceu acomodação gratuita e os apresentou a outras pessoas, incluindo seu primeiro patrocinador. "Essa viagem mudou nossa vida."

De volta ao Paquistão, eles lançaram uma campanha no Kickstarter para seu primeiro design revolucionário de calçados. Eles precisavam de um financiamento inicial mínimo de quinze mil dólares. Eu tive uma visão privilegiada do que aconteceu em seguida. Minha sócia, Jacqueline, diretora da Acumen, entrou em contato com sua rede, que por acaso incluía o guru do marketing Seth Godin. Ele fez um post sobre a campanha em seu blog. Waqas e Sidra superaram a meta, arrecadando um total de cem mil dólares, na época a maior campanha do Kickstarter originária do Paquistão.

Desde então, nada detém Waqas e Sidra, que imigraram para os Estados Unidos e abriram uma empresa de calçados no Brooklyn que não para de crescer, a Atoms, tendo já atraído mais de duzentos mil clientes. Mas, mesmo com o aumento dos pedidos, eles decidiram levar adiante o espírito de generosidade que os ajudou no início, financiando uma série de projetos no Paquistão. Durante a pandemia, eles fizeram e doaram quatrocentas mil máscaras para comunidades locais. Mais recentemente, eles lançaram um programa para profissionais emergentes chamado Introducing, por meio do qual identificam novos talentos, tornam-se seus primeiros clientes, oferecem orientação comercial e os apresentam à sua rede de influenciadores em rápida expansão.

"Não consigo me lembrar de um momento em nossa jornada em que as pessoas não tenham demonstrado generosidade, de uma forma ou de outra", disse Waqas. "Portanto, é a coisa mais natural do mundo passarmos isso adiante. Claro que exige um esforço extra, mas adoramos."

O mais importante nessa história é que todos se beneficiam. Aqueles que ajudaram Waqas e Sidra em sua jornada foram estimulados e se empolgaram com eles. Cada gesto generoso ao longo do caminho criou efeitos em cascata significativos, que estão se espalhando até hoje.

A parte mais difícil de conceder acesso às pessoas é o medo de incomodar nossos amigos de alguma forma ao impor a eles uma nova responsabilidade. Portanto, é bom sermos cuidadosos na forma como fazemos as apresentações. Não devemos, por exemplo, simplesmente compartilhar endereços de e-mail. Em vez disso, reserve um tempo para escrever às pessoas e explicar por que você deseja apresentar alguém, obtendo assim a permissão delas. Em muitos casos, *todas* as pessoas de uma determinada rede se beneficiam quando conhecem gente nova e especial.

Às vezes, é possível conectar pessoas em uma escala totalmente nova. Quando a estudante nigeriana de biologia Ada Nduka Oyom se candidatou para liderar o grupo de desenvolvedores do Google na Universidade da Nigéria, ela sequer tinha um laptop, apenas um celular de segunda mão que vivia travando. Quase não havia outras mulheres no grupo de desenvolvedores buscando uma carreira em tecnologia.

Em um evento global para programadores em 2016, Ada ficou frustrada com a falta de atenção dada às desenvolvedoras africanas. "Senti que era uma injustiça", comentou ela, "porque havia muitas mulheres fazendo coisas incríveis."[13] Decidiu então fazer algo a respeito disso e fundou a organização sem fins lucrativos She Code Africa (SCA) em 2016. De início, seu objetivo era divulgar "histórias de engenheiras de software africanas fazendo coisas incríveis". Para isso, entrou no Facebook e começou a entrevistar suas amigas desenvolvedoras. As histórias geraram interesse, e Ada expandiu o conteúdo para o Medium e outros canais. Por fim, começou a atuar fazendo uma ponte entre suas entrevistadas e pessoas interessadas em trabalhar com elas, e sua organização assumiu mais funções, como a realização de acampamentos de treinamento e outros encontros.

Em 2023, a She Code Africa tinha mais de dez mil membros em quinze países africanos, uma comunidade próspera na qual a importância da conexão é evidente para todas.[14]

O impacto desses conectores generosos no mundo não deve ser subestimado. Em minha própria trajetória, quando estudei a possibilidade de me mudar para os Estados Unidos em 1993, conheci uma mulher chamada Sunny Bates em uma convenção do mercado editorial. Ela conecta as pessoas como ninguém que eu já tenha conhecido. Tornou muito mais fácil para mim a criação de uma editora por aqui. E foi ela que, alguns anos depois, insistiu para que eu fosse ver a conferência ted. Se você já assistiu a uma palestra ted, em algum lugar da história de origem dessa palestra está Sunny Bates.

Apresentar. Conectar. Reunir. É assim que nossas redes sociais são ampliadas e aprofundadas. E quanto mais ricas forem as nossas redes, maior será a chance de que efeitos em cascata contagiantes deslanchem por meio de ideias, recursos e inspiração compartilhados.

5. ESTENDER A HOSPITALIDADE

Quando criança, tive a grande sorte de viver alguns anos no Afeganistão antes de o país ser assolado pela guerra. Nossa família teve a oportunidade de viajar para explorar a deslumbrante beleza do país. A extraordinária hospitalidade com a qual nos receberam foi ainda mais inesquecível que o majestoso Vale de Bamiyan ou os cintilantes lagos azuis de Band-e Amir. Estranhos nos recebiam em casas modestas para tomar chá. Nunca pediam nada em troca. Era apenas a construção de uma conexão humana. E o mais incrível para mim é que, embora uma xícara de chá possa parecer um presente singelo, isso ficou na minha cabeça todos esses anos depois. Ainda fundamenta a maneira como penso no Afeganistão. Mesmo depois de décadas assistindo a notícias sobre violência, uma voz dentro de mim insiste: "Os afegãos são o povo mais generoso do mundo".

Não sou o único. Após o Onze de Setembro, Rory Stewart, um diplomata britânico em ascensão, passou vinte meses entre o Iraque e o Afeganistão, hospedando-se na casa das pessoas que conhecia ao longo do caminho. Ele escreveu que sua lição mais profunda foi a descoberta da bondade por parte de estranhos. Na verdade, ele devia sua vida a isso.[15]

Minha experiência no Afeganistão me fez pensar se a hospitalidade é, em parte, uma resposta aos perigos enfrentados pelos viajantes: quanto mais desafiadora a paisagem, mais hospitaleiras são as pessoas. É fato que, em todas as montanhas e desertos do Oriente Médio, a hospitalidade é um dos valores mais conservados. E também um valor fundamental do Islã.

As pessoas expressam hospitalidade de diferentes maneiras ao redor do mundo, e geralmente ela é considerada tanto um dever quanto um prazer. Em 2016, o conceito dinamarquês de *hygge* tornou-se um fenômeno global. Significa uma sensação de aconchego, conforto e bem-estar. Ele encontra sua melhor expressão quando amigos ou vizinhos se reúnem em torno de uma fogueira e simplesmente aproveitam a companhia uns dos outros. Os defensores do *hygge* veem isso como um dos prazeres mais profundos e simples da vida. E hoje é uma forma de hospitalidade que todos nós — e não apenas os dinamarqueses — podemos conhecer e desfrutar.

Em *Human Universals*, o antropólogo Donald Brown documenta que a hospitalidade é uma das centenas de comportamentos humanos observados em *todas as culturas* já estudadas.[16] Mas, se a hospitalidade é tão onipresente — e tão agradável —, ela é realmente uma forma de generosidade? Bem, é sim. Independentemente dos custos envolvidos, você precisa se esforçar para convidar alguém para a sua casa, sejam amigos ou possíveis futuros amigos. É mais fácil simplesmente assistir a mais um episódio da série que você acompanha. Na verdade, eu me preocupo com o fato de que as crescentes demandas por nosso tempo e atenção às vezes sufoquem o desejo de ser hospitaleiro. Mesmo há uma década, Guy Trebay escreveu no *New York Times* que a tradição de oferecer um jantar estava ameaçada, graças a agendas lotadas e à onipresença dos dispositivos portáteis. Isso é muito ruim.[17] A hospitalidade é uma expressão fundamental de nossa generosidade e nossa humanidade. Perdê-la torna a vida mais triste e menor.

Então de que forma a hospitalidade pode contribuir para a generosidade contagiante? Você não precisa de internet para ela. A hospitalidade explora nossos instintos mais profundos de conexão uns com os outros. E cada experiência evoca um desejo de retribuir. "Muito obrigado pelo jantar, foi incrível. Agora é a nossa vez de convidar."

Mas existem formas de tornar nossos encontros ainda mais poderosos. Muitas vezes, quando as pessoas se reúnem, as conversas giram em torno da indignação política do momento ou então de nossa família e nosso lar. O que é ótimo. Mas as coisas podem alcançar um nível totalmente novo se você, em algum momento, desviar a conversa em direção a uma conexão mais profunda. Jacqueline e eu adoramos oferecer jantares ancorados em um único assunto — o que chamamos de "jantares jeffersonianos" ou "jantares completos".

Existem muitos recursos por aí, inclusive um breve TED Talk de Jeffrey Walker sobre como ser um bom anfitrião. Para nós, a chave é incentivar as pessoas a se abrir, a se distanciar das opiniões e se aproximar dos sentimentos. Algumas perguntas capazes de engajar uma dúzia de pessoas a noite inteira incluem:

- O que você viu ultimamente que o encheu de esperança?
- Existe algo que esteja o preocupando nesse momento e que preocupa algumas pessoas? Como poderíamos lidar com isso?
- Existe algo ou alguém por quem você sente gratidão e que nem poderíamos imaginar?
- Com o que você anda sonhando: seria algo para si mesmo, para sua família, para sua comunidade ou para o mundo em geral?
- O que você gostaria que ganhasse mais apoio?

Uma noite assim pode conectar as pessoas de maneira profunda e levar a novos vínculos e planos. É bem verdade que você poderia convocar uma reunião no trabalho e colocar uma dessas perguntas na pauta. Mas é bem diferente quando você se reúne na casa de alguém e compartilha uma refeição. É como os antigos rituais humanos que nos unem e nos fazem querer estar presentes uns para os outros.

Ah, e esses jantares podem ter efeitos surpreendentes. Por exemplo, James Madison, estimulado pelo modelo de assunto único sugerido por Thomas Jefferson, organizou em 1787 uma série de jantares com delegados de diferentes estados. Eles forneceram muitas das ideias fundamentais — e conexões humanas — que levaram à elaboração da Constituição dos Estados Unidos.

Para mais ideias sobre como organizar uma reunião inesquecível, capaz de causar efeitos em cascata, assista ao TED Talk de Priya Parker. Mas saiba que, mesmo que tudo o que você faça seja convidar pessoas para uma xícara de chá em sua casa, seu ato de generosidade poderá ficar na cabeça delas por muitos anos.

6. CRIAR ENCANTAMENTO

E isso nos leva, enfim, a uma forma de generosidade contagiante que é especialmente potente para artistas — músicos, pintores, fotógrafos, apresentadores, escritores — e, na verdade, qualquer pessoa com espírito criativo.

Lily Yeh, uma artista pioneira, tinha tudo a seu favor. Tinha uma carreira de prestígio como professora de arte e expunha em galerias famosas. Também gostava da vida que levava cuidando de seu filho pequeno. Mas estava faltando algo. "Eu sentia um vazio dentro de mim", disse ela a uma plateia no TEDxCornellUniversity.[18]

Foi então que Yeh teve um encontro que mudou sua vida. Ela foi abordada pelo dançarino e coreógrafo Arthur L. Hall, que a convidou a realizar um projeto comunitário de arte em um terreno abandonado na Filadélfia, sua cidade natal.

"Eu estava interessada, mas completamente apavorada", lembra Yeh. "Eu tinha poucos recursos e nenhuma experiência em trabalhar ao ar livre em um ambiente coletivo. Queria fugir, mas não queria me olhar no espelho e ver o reflexo de uma covarde. Por isso, aceitei."

O projeto tornou-se o Village of Arts and Humanities, um parque artístico repleto de árvores, esculturas e mosaicos criados por adultos e crianças da região em colaboração com Yeh. "Ao trabalhar com as crianças, ganhamos a confiança dos adultos. Cometemos muitos erros ao longo do caminho, mas, quando acertamos, encontramos nossa voz. Era algo autêntico e atual." O parque artístico era tão encantador que ônibus lotados de turistas iam em excursões visitá-lo.

A arte comunitária tornou-se o foco da vida de Yeh. Ela procurou atender pessoas que se encontravam em condições de miséria, opressão e expostas à poluição, levando beleza para os ambientes em que viviam, com obras de arte públicas e colaborativas. Isso a levou a uma parceria com os galeristas quenianos Elimo e Philda Njau, que atuavam em Korogocho, uma favela próxima a um vasto depósito de lixo nos arredores de Nairóbi. "Quando nossas imagens de cores vivas começaram a surgir, o humor da comunidade começou a mudar", disse Yeh. "Quando nos atrevemos a colocar anjos recém-esculpidos no topo de uma pedreira abandonada para proteger e abençoar a comunidade, o ânimo das pessoas melhorou." Essa parceria durou mais de uma década.

O trabalho de Yeh a levou a aprender uma lição importante: embelezar os espaços públicos não é só algo profundamente terapêutico, como também transforma as comunidades. Como uma fogueira, "a beleza traz luz, calor, esperança e convida as pessoas a participarem".

Toda a carreira de Yeh é um belo exemplo da generosidade contagiante do encantamento. As pessoas precisam de dinheiro, comida, abrigo e assistência médica, com certeza. Mas também desejam beleza, se maravilhar, rir, transcender — todos formas de encantamento. Aqueles que sabem encantar são capazes de oferecer um presente de valor inestimável. Lily Yeh poderia ter buscado o dinheiro e o reconhecimento artístico tradicional. Em vez disso, optou por dedicar sua vida a levar beleza a comunidades carentes. E, repetidas vezes, viu o que isso pode gerar. "É possível transformar a energia violenta de nosso tempo em uma cultura de bondade."

Há exemplos maravilhosos dessa forma de generosidade em todo o mundo. Em 2020, a St. Mark Street, em Gloucester, na Inglaterra, era uma rua de casas geminadas pintadas de cinza.[19] Durante os deprimentes primeiros dias da pandemia, a artista local Tash Frootko se ofereceu para uma repaginada radical, organizada ao longo de toda a rua, com as pinturas das casas formando um caleidoscópio de cores: de turquesa a amarelo-limão e verde-esmeralda. Os inquilinos e proprietários da St. Mark Street gostaram da ideia, e a rua foi transformada. A notícia se espalhou, e Frootko começou a pintar três das ruas adjacentes, criando a "Rainbow Square" de Gloucester.

Outros artistas encontraram maneiras de transformar espaços negligenciados através da arte, com obras que encantaram as pessoas dentro e fora das comunidades. Em Lyon, na França, um artista conhecido como Ememem trabalha de maneira discreta e delicada, preenchendo centenas de buracos, rachaduras em muros e outras "feridas do tecido urbano" com mosaicos brilhantes e intrincados. Para muitos, o resultado é mais atraente do que quando os muros estavam intactos.[20] A motivação de Ememem é "reparar as ruas e o coração daqueles que passam por elas".

A ONG Sing for Hope, sediada em Nova York, colocou centenas de pianos decorados por artistas em parques, esquinas e metrôs em Nova York e em todo o mundo, para qualquer pessoa tocar. Os sempre apressados nova-iorquinos podiam ser surpreendidos por um instrumento bonito e supercolorido no meio da rua.[21] "Assim que alguém se senta e toca, todos param e se reúnem ao redor...", comentou um transeunte. "E você tem esse momento imediato de coletividade."

A pandemia foi um período difícil para muitos músicos. Conhecendo o poder que a música tem de encantar e conectar, músicos amadores e profissionais de todo o mundo ofereceram seu tempo e suas habilidades àqueles mais isolados e solitários. Durante o lockdown em Florença, uma cidade devastada pela pandemia de Covid-19, o tenor lírico Maurizio Marchini fez uma serenata na sacada de sua casa.[22] A apresentação foi vista 4,5 milhões de vezes no Twitter. Enquanto isso, em Lewisham, na Inglaterra, a saxofonista Chloe Edwards-Wood e um coletivo de músicos chamado Give a Song excursionaram pelas ruas, oferecendo apresentações com distanciamento social para moradores vulneráveis e isolados, que assistiam de suas janelas. As versões de "Three Little Birds", de Bob Marley, e "Dancing in the Street", de Martha and the Vandellas, foram especialmente populares, levando alguns moradores às lágrimas.

Outros, mesmo sem ser músicos, encantam o mundo divulgando a música de outras pessoas. No Waziristão do Sul, no Paquistão, a música sempre foi usada para conectar pessoas e resolver conflitos.[23] A tradicional dança folclórica *attan* é baseada na união e na integração das pessoas. No entanto, quando o Talibã paquistanês assumiu o controle da área em 2005, a produção musical foi proibida. "Mas, aos poucos, essa cultura começou a sumir, e os tambores *dhol* se calaram", disse o cantor Maqsood Rehman à Al Jazeera. Após 2016, com a expulsão do Talibã, os valores conservadores ainda dificultavam as apresentações musicais e a preservação de uma cultura viva. Até que entra em cena o proprietário de uma loja de celulares Waheed Nadan, de 22 anos. Ele conecta os músicos do Waziristão com seu público ao simplesmente subir suas músicas no Facebook e no YouTube. Alguns de seus vídeos têm centenas de milhares de visualizações. "A Aman Mobile Zone [a loja de Nadan] prestou um grande serviço aos músicos do Waziristão do Sul", disse um cantor da região à Al Jazeera. "Eu poderia dizer que nós cantamos para o Waziristão do Sul, mas foi ele quem levou as canções para as pessoas."

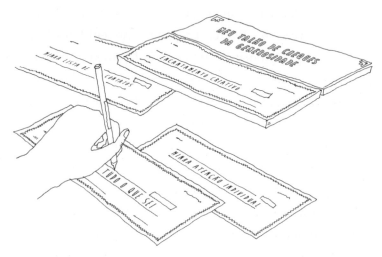

Envolver, fazer a ponte, ensinar, conectar, hospedar, encantar. Como mostra esta breve jornada, cada uma dessas formas de doar sem envolver dinheiro traz o potencial de transformar um único ato de bondade em uma bela reação em cadeia. Você pode ter limitações em relação ao tempo e à energia capaz de oferecer. Mas a generosidade contagiante precisa de apenas um momento para se acender. Quando esse momento chegar, você vai estar com o fósforo à mão?

7
CATALISADORES DE CONTÁGIO

*Como fazer a generosidade se transformar de
invisível em contagiante*

O que difere um ato generoso de pouco impacto de um que repercute no mundo inteiro? Tudo vai depender disso!

Para que a generosidade cresça até não poder mais, o primeiro desafio é simplesmente fazer com que ela seja notada. Uma das principais falhas em nossa psicologia é que nossa atenção é tendenciosa. Ela se fixa em coisas que, em outras épocas, ameaçavam nossa sobrevivência. Ameaças de todos os tipos. Comportamentos suspeitos. Qualquer coisa que possa fazer mal a nós ou a nossa família.

Já histórias sobre bondade podem até ser adoráveis, mas… sabe como é… podem ficar para depois.

Eu venho do mundo da comunicação e, durante toda a minha vida profissional, observei o dilema que o setor enfrenta.

As questões mais relevantes geralmente são complexas e assustadoras. Uma matéria de primeira página sobre uma política de estímulo à inovação em universidades será passada para trás por uma manchete típica de tabloides, como "Os imigrantes estão chegando!".

Os algoritmos das redes sociais operam sob o mesmo princípio implementado pelos proprietários de tabloides, como o magnata da mídia Rupert Murdoch: capturar a atenção das pessoas promovendo aqueles que expressam suas opiniões de forma agressiva e retratam as pessoas que não pensam como eles como um perigo terrível.

Ameaças, indignação e repulsa são convincentes. A bondade sincera, infelizmente, é entediante.

O que fazer?

Que tal fazer com que a bondade seja o oposto do tédio? Sejamos generosos de uma forma que faça as pessoas se arrepiarem, que as inspire a compartilhar histórias e a agir com bondade.

O que é necessário para que isso aconteça? Não há regras claras nesse caso. Qualquer ato único e autêntico de bondade humana tem o potencial de capturar a imaginação das pessoas. Mas qual a melhor forma de sermos generosos capaz de criar efeitos em cascata?

Até as pequenas mudanças em nossa abordagem podem fazer a diferença. Digamos que um ato de generosidade inspire algumas pessoas a serem generosas. Se cada dez pessoas inspiradas por um ato de generosidade forem generosas com outras nove pessoas, a generosidade então vai aos poucos perder sua força. Mas se esse ato de bondade fosse um pouco mais contagioso, de modo que essas dez pessoas consigam transmiti-la a mais onze, em média, o ato vai se espalhar. O sopro de bondade que tem início em um lado do mundo pode desencadear um furacão de bondade no outro.

Aqui estão cinco práticas que podem fazer com que suas ações passem da simples gentileza para a generosidade contagiante.

1. DESBLOQUEIE EMOÇÕES REAIS

Boa parte do que viraliza na internet é motivado por indignação e medo. Mas qualquer emoção forte é capaz de se espalhar. Por que não abrir a porta para o deslumbramento, o entusiasmo, a curiosidade, a admiração, a compaixão e a inspiração? Muitos dos mais belos exemplos de generosidade contagiante são atos de bondade humana que simplesmente tocam o coração das pessoas.

Jimmy Donaldson — também conhecido como MrBeast — domina essa arte. Seu canal no YouTube é dedicado em grande parte a atos de generosidade e tem mais de 180 milhões de inscritos, o que faz dele um dos maiores influenciadores da plataforma. Como ele conseguiu isso? Foram anos de prática. Quando adolescente, ele e seus amigos passavam horas analisando todos os aspectos dos vídeos que viralizavam, inclusive o estilo de edição, o texto das descrições e as chamadas visuais escolhidas. Mas a maior sacada de todas foi esta: eles despertam emoções.

Jimmy então inventou uma fórmula: atos de generosidade extravagantes e arrebatadores, geralmente voltados para desconhecidos escolhidos de maneira aleatória. Em vídeos que captam situações reais, os seguidores de MrBeast podem ver a perplexidade no rosto das pessoas a quem ele oferece carros, casas, um cheque de cem mil dólares — e até uma ilha particular. Em um dos vídeos, intitulado "1,000 Blind People See for the First Time" [Mil pessoas cegas enxergam pela primeira vez], os espectadores testemunham pessoas que tinham deficiência visual abrirem os olhos logo após uma cirurgia de catarata viabilizada pelo gesto de MrBeast. O espanto e a alegria dessas pessoas ao verem seus entes queridos pela primeira vez é algo incrível de se ver.

Essa notoriedade, no entanto, atraiu críticas. Alguns espectadores que assistiam às cirurgias de catarata se revoltaram com o fato de aquilo não abordar de verdade o problema estrutural da desigualdade dos serviços públicos de saúde. MrBeast foi acusado até de usar o sofrimento dos outros para se autopromover.

Eu realmente acredito que é possível passar dos limites quando atos de caridade são feitos de maneira irrefletida. Recentemente, houve uma enxurrada de supostos vídeos de bondade em que alguém se aproxima para realizar uma ação aparentemente generosa enquanto as câmeras estão ligadas. Por exemplo, em 2022, uma australiana chamada Maree recebeu um buquê de flores de um desconhecido e foi filmada enquanto parecia se emocionar, antes de o estranho partir. O vídeo alcançou mais de sessenta milhões de visualizações no TikTok, mas Maree relatou sentir-se tratada com condescendência com o incidente. "Ele interrompeu e filmou meu momento de silêncio, além de postar o vídeo sem a minha permissão, transformando aquilo em outra coisa, e sinto que ele está ganhando muito dinheiro com isso", disse ela a uma estação de rádio local.[1]

Emoções têm poder, e com certeza podem ser usadas de maneira abusiva. Mas, no caso de MrBeast, não acredito que essas críticas sejam válidas, por algumas razões fundamentais:

1. Todo o dinheiro que ele recebe do YouTube é repassado para outras ações generosas. Ele se comprometeu a doar todo o dinheiro que ganha.[2]
2. Ao contrário do exemplo anterior, ele demonstra respeito pelos destinatários em sua narrativa.
3. O bem que alcançou é real. Por exemplo, o fato de mil pessoas com deficiência visual terem recuperado a visão é um desdobramento incontestavelmente positivo. Agora, é verdade que é possível conseguir ainda mais por meio de uma mudança estrutural real. Existem organizações como o Aravind Eye Hospital, na Índia, que encontraram maneiras de realizar cirurgias de catarata em escala extraordinária, oferecendo tratamento gratuito a milhões de pacientes necessitados. Mas, ao chamar bastante atenção para o fato de que um procedimento de baixo custo pode mudar a vida de alguém, o vídeo de MrBeast pode de fato ajudar a catalisar essa mudança estrutural. E o fato de que determinado ato de generosidade talvez pudesse ter sido melhor não é motivo para desconsiderar o que ele alcançou de bom.
4. O mais importante é que, pelas reações ao canal, fica claro que MrBeast inspirou literalmente milhões de pessoas a serem mais generosas. Ele faz uso de estratégias para entreter e emocionar e, assim, aumentar sua base de seguidores? Sem dúvida. Mas isso é admirável. Ele demonstrou como a generosidade pode se tornar contagiante. E se o próximo passo em sua jornada for

ajudar a canalizar essa generosidade para fins cada vez mais conscientes, tanto melhor. Como afirmou no podcast de Joe Rogan: "Eu gosto de ajudar as pessoas! Acho divertido! [...] Eu tenho essa capacidade de viralizar e ganhar visualizações, e quero descobrir como alavancar isso — basicamente, fundar uma instituição de caridade com base nisso".

Há vários outros exemplos de bons conteúdos feitos para emocionar. O perfil do Instagram Good News Movement, administrado por jornalistas, encanta seus cinco milhões de seguidores com atos profundamente comoventes. Uma foto mostra uma menina síria protegendo o irmão durante o terremoto que aconteceu em fevereiro de 2023 entre a Turquia e a Síria. A publicação direciona as pessoas a uma página de doação para o Save the Children Emergency Fund em apoio às crianças sobreviventes. Em 24 horas, a postagem ganhou quase trezentas mil curtidas. Outros vídeos mostram heróis e heroínas do dia a dia, como o comissário de bordo que segura a mão de um passageiro aterrorizado ou a garotinha determinada a ajudar os animais selvagens da região em que mora. É maravilhoso como esses pequenos atos de generosidade podem rapidamente conquistar uma audiência mundial. É assim que podemos mudar a maneira como pensamos em nossos semelhantes.

Claro que a generosidade nunca deve se resumir *apenas* a emoção. Como já discutimos, isso pode nos colocar na direção errada. Precisamos aplicar a sabedoria do pensamento reflexivo em nossos esforços. Mas, sem algum tipo de força emocional, os atos de generosidade nunca vão receber a atenção que merecem.

2. SEJA INSANAMENTE CRIATIVO

Ações comuns se perdem no barulho. Quando alguma coisa é feita com imaginação e talento, as pessoas notam.

No Japão, um grupo de amigos estava cansado do lixo nas ruas de Tóquio.[3] Mas, em vez de apenas saírem por aí limpando as ruas, eles decidiram fazer isso de forma que chamasse atenção. Eles se vestiram de samurais e usaram suas habilidades de atuação para recolher o lixo com pompa e dramaticidade, atravessando garrafas usadas com suas espadas e jogando o lixo em cestas presas nas costas. É fácil entender por que os vídeos deles em ação foram vistos por milhões de pessoas no YouTube e no TikTok e atraíram tanta gente. O grupo conhecido como Gomi Hiroi Samurai aumentou de tamanho, e os participantes replicaram seus esforços em cidades de todo o Japão. O poder da criatividade foi usado para transformar algo tão comum como recolher lixo em uma coisa legal.

Esse é um tema familiar para Mundano, um artista de rua, ativista e bolsista do TED no Brasil. Enquanto Mundano grafitava as ruas de São Paulo, os "super-heróis invisíveis" que encontrava pelo caminho chamavam sua atenção.[4] Vivendo à margem da sociedade, os catadores de lixo brasileiros andam com sua carroça pelas ruas, coletando os materiais recicláveis. Eles recebem uma mixaria pela sucata, mas seus esforços são responsáveis por 90% de tudo que é reciclado no Brasil.

Mundano achava que os catadores deveriam ser homenageados pelo serviço vital que prestam. Por isso colocou suas habilidades artísticas em prática. Ele começou a decorar as carroças dos catadores, pintando-as com cores vibrantes, desenhos chamativos e slogans ousados — SOU CATADOR COM MUITO ORGULHO!; MEU CARRO não polui! Em poucos anos, havia pintado duzentas carroças em diversas cidades.

Mundano percebeu que estava no caminho certo e decidiu levar o seu projeto além. Iniciou uma campanha de financiamento coletivo chamada Pimp My Carroça, um movimento para celebrar e apoiar os vinte milhões de catadores de lixo pelo mundo. Com o financiamento coletivo de mais de mil doadores e com a ajuda de oitocentos voluntários, o Pimp My Carroça foi lançado em três cidades brasileiras. Os catadores receberam serviços de saúde — incluindo massagem, consulta odontológica e corte de cabelo — e equipamentos de proteção. Suas carroças foram equipadas com buzinas e retrovisores. Por fim, foram decoradas e pintadas com spray.

Em pouco tempo, o Pimp My Carroça se espalhou para outros países. "Quando acrescentamos arte e humor à causa, ela se tornou mais atraente", disse Mundano. "Os catadores agora são famosos nas ruas, nas redes sociais e na imprensa [...] Eles são capazes de combater o preconceito, aumentar sua renda e sua participação na sociedade."

Muitas vezes, a criatividade é simplesmente ser capaz de recombinar as coisas de uma forma atraente. Não é nenhuma surpresa que os mais novos de uma família sejam geralmente os mais criativos. Para serem notados, eles não têm escolha. Quando se trata dos produtos que vendemos ou do entretenimento que produzimos, sabemos que os mais criativos geralmente são os mais bem-sucedidos.

Até mesmo os líderes políticos podem se fortalecer com um pouco de criatividade.

Em 1995, Antanas Mockus foi eleito prefeito de Bogotá. Era uma época desafiadora. A taxa de homicídios e de mortes no trânsito era alta, os serviços de água e saneamento eram precários e a corrupção era generalizada.

Mockus poderia ter respondido com uma nova e rigorosa legislação, apoiada por uma polícia militarizada.[5] Em vez disso, ele, que é filho de artistas, escolheu um caminho diferente. Ele conduziu Bogotá em um audacioso experimento social, baseado em ações criativas que incentivavam o comportamento pró-social. Para combater as barbeiragens no trânsito, Mockus contratou uma equipe de quatrocentos mímicos para tirar sarro dos infratores. Os motoristas de táxi que respeitavam a lei foram convidados a ingressar em um clube especial: os Cavaleiros da Faixa de Pedestres. Estrelas foram pintadas nas ruas para marcar os locais onde pedestres haviam sido mortos. Em um esforço para diminuir os homicídios, Mockus convidou os cidadãos a canalizar sua raiva estourando balões (cerca de cinquenta mil pessoas aderiram a isso). Para combater a escassez de água, ele se filmou tomando um banho curto. Vestindo uma capa à Super-Homem, ele se apelidou de "Supercidadão".

As ações eram amalucadas, mas funcionavam. Durante a gestão de Mockus, o consumo de água caiu 40%; a taxa de homicídios, 70%; e as mortes no trânsito; mais de 50%.[6] A defesa do engajamento cívico promovida por Mockus resultou em 63 mil cidadãos pagando voluntariamente 10% a mais em impostos. Ao agir como um Supercidadão, dedicado à liderança coletiva e ao "respeito pela vida", Mockus inspirou esses valores na cidade. Para citá-lo: "Milhões de pessoas contribuíram para os resultados que alcançamos".

Sob o comando de Mockus, as políticas públicas — um assunto que, assim como a generosidade, é difícil de arrebatar interesse — tornaram-se fascinantes. Suas ações eram o assunto da cidade. Se quisermos fazer com que o bem deixe de ser entediante, devemos estar prontos para soltar a imaginação.

Uma forma especialmente poderosa de criatividade é o humor. Se você fizer as pessoas rirem, você não vai apenas ganhar a atenção delas, mas também desarmar seu cinismo. O humor é provavelmente o principal motivo por trás do sucesso do desafio do balde de gelo, em 2014, que promoveu a consciência sobre a esclerose lateral amiotrófica (ELA). Os vídeos que as celebridades fizeram mostrando seu apoio à campanha foram emocionantes, com certeza, mas foi a graça de vê-las encharcadas com água gelada e indicando amigos para as copiarem que fez com que a campanha se espalhasse.[7]

O movimento Movember chamou ainda mais atenção. Os homens são incentivados a deixar crescer o bigode todo mês de novembro — por mais maluco e estranho que isso pareça — para estimular conversas sobre a saúde masculina. O humor e o engajamento fizeram esse movimento viralizar ao extremo, permitindo que ele arrecadasse mais de um bilhão de dólares em dezoito anos para causas como o câncer de próstata e de testículo.[8]

O humor e a criatividade são ferramentas ao alcance de todos. Uma hora de sonhos ou de brainstorming pode transformar um ato isolado de generosidade em algo cujo prazer gera efeitos cascata empolgantes.

3. EXPLORE A FUNDO A CORAGEM

A sorte favorece os corajosos, e não há outro lugar onde isso aconteça mais do que no mundo da generosidade.

O músico afro-americano Daryl Davis cresceu se perguntando por que havia pessoas em seu próprio país que o odiavam apenas por causa da cor de sua pele. Um dia, ele decidiu descobrir por si mesmo. Entrou em contato com um homem chamado Roger Kelly, dirigente da filial estadual da Ku Klux Klan (KKK) no estado de Maryland. Então convidou Kelly a conversar em um quarto de hotel. Davis foi até lá com sua secretária, e Kelly apareceu com seu guarda-costas. Kelly não sabia que o músico com quem estava se encontrando era negro.

É desnecessário dizer que foi uma conversa extremamente tensa. Em determinado momento, todos se levantaram, convencidos de que alguém havia acabado de carregar uma arma. Mas era apenas o som do gelo chacoalhando no cooler. Embora Davis estivesse horrorizado com a convicção de Kelly de que as raças deveriam ser mantidas separadas, os dois acabaram concordando em se encontrar novamente, dessa vez na casa de Davis. Eles continuaram se encontrando. Davis até concordou em participar de uma reunião da Ku Klux Klan.

A CNN ouviu falar desse estranho relacionamento e produziu uma matéria sobre os dois que foi assistida no mundo todo.[9] O que os atraiu para aquilo? Foi a profunda coragem de Davis em estar disposto a fazer o que quase ninguém em seu lugar teria feito. Essa coragem acabou fazendo com que Kelly deixasse a KKK. Davis havia se tornado um amigo. Como ele poderia permanecer lá? E isso fez com que milhões de pessoas se inspirassem no exemplo de Davis de estender a mão para além de uma divisão aparentemente intransponível. Seus esforços foram reconhecidos nacionalmente. Como ele disse em uma palestra TEDx (que já teve mais de doze milhões de visualizações): "A ignorância gera medo. Temos medo das coisas que não entendemos. Se não mantivermos esse medo sob controle, ele gerará ódio, porque odiamos tudo o que nos assusta. Se não mantivermos esse ódio sob controle, esse ódio, por sua vez, vai destruir tudo em seu caminho".[10]

Esse é um exemplo da ponte de que falamos no capítulo anterior. A coragem de Davis inspirou milhões de pessoas.

A coragem se apresenta de várias formas. Às vezes, ela brilha de forma intensa, como quando um jovem do Mali subiu quatro andares de um prédio em Paris para salvar o filho de um desconhecido pendurado em uma sacada, agitando as redes sociais com um vídeo dramático.[11] E, às vezes, a chama é mais lenta, como quando um professor de Grimsby, no Reino Unido, caminhou novecentos quilômetros durante o primeiro lockdown contra a pandemia de Covid-19 entregando quinze mil refeições a alunos seus vulneráveis.[12]

Do meu ponto de vista, qualquer ato desafiador contínuo requer uma espécie de generosidade corajosa. Quando a pandemia de Covid-19 atingiu o Reino Unido, o capitão Tom Moore, de 99 anos, já era muito debilitado e só conseguia se locomover com a ajuda de um andador.[13] Ele queria fazer algo para ajudar o Serviço Nacional de Saúde britânico, mas não tinha como doar muito dinheiro. Poderia, no entanto, oferecer seu tempo e sua energia. Assim, anunciou uma campanha inovadora para arrecadar fundos, comprometendo-se a dar cem voltas em sua garagem antes de seu centésimo aniversário, um esforço que certamente lhe tomaria dias e muita força. Aquilo exigiu coragem genuína de sua parte. Ele não tinha certeza de que conseguiria concluir a tarefa. E ninguém quer parecer tolo.

O jornal local publicou uma reportagem sobre seu plano, que logo viralizou nas redes. As pessoas ficaram profundamente comovidas com o espetáculo desse veterano de guerra caminhando devagar, com determinação, para cima e para baixo em sua garagem para ajudar os médicos e enfermeiros do NHS. Seu slogan, "Amanhã será um bom dia", tornou-se um meme, e ele foi convidado a gravar uma versão do clássico canto de torcida "You'll Never Walk Alone". Em seu triunfante aniversário de cem anos, ele não apenas completou a caminhada, como também recebeu 160 mil cartões de felicitações e foi a pessoa mais velha a ter um single número um nas paradas. A honraria de Cavaleiro da Ordem do Império Britânico veio logo em seguida.

Sua meta era arrecadar mil libras. Mas quando a generosidade de alguém se torna contagiante, tudo pode acontecer. O valor total arrecadado chegou a 32 milhões de libras.

O capitão Moore acabou morrendo por conta de sua doença. Mas seu capítulo final sem dúvida ajudou a salvar a vida de muitas outras pessoas. E sua coragem e determinação deram esperança a milhões de pessoas durante os dias mais sombrios da pandemia.

Todo ato de generosidade é significativo. Mas aqueles realizados com coragem podem ter um impacto ainda maior. Coragem não significa não ter medo. Na verdade, sem o medo, não é possível ter coragem. Coragem significa superar o medo. E se você conseguir fazer isso, pode mudar o mundo.

Então o que acontece quando combinamos criatividade e coragem? Há uma palavra poderosa para isso: *audácia*. Sonhos audaciosos atraem generosidade e atos audaciosos de generosidade podem se tornar contagiosos. Vamos nos aprofundar muito mais nessa ideia no Capítulo 12.

4. ENTRE EM CONTATO E COLABORE

Colaborar é difícil. Mas quando alguém aprende, a colaboração se torna um enorme amplificador da intenção humana. Um mais um mais um pode somar milhões.

Assim como em outras cidades do mundo, quando Los Angeles foi fechada nos primeiros dias da pandemia de Covid-19, um novo e belo ritual veio à tona. Toda noite, às oito horas, as pessoas iam para sua varanda ou se inclinavam em sua janela para gritar e bater panelas em admiração pelos profissionais de saúde da linha de frente.

Para a banda de rock de Los Angeles OK Go, vencedora do Grammy, o espetáculo foi inspirador.[14] Com seus integrantes tocando remotamente, eles gravaram o clipe "All Together Now". Toda a renda da canção foi doada para a Partners in Health, uma instituição beneficente de assistência médica global. "A ideia de que algo de bom pode surgir dessa tragédia avassaladora é uma luz no fim do túnel", disse o vocalista Damian Kulash. "Enquanto lutamos contra a ansiedade, cada gota de esperança é preciosa. Queremos cultivá-la e compartilhá-la."

A letra da música é um hino à possibilidade de uma conexão global.

Tudo está intacto
Mas para sempre alterado...

Em cada canto da terra
Todas as almas
Todos que estão aqui
Todos juntos agora[*]

    Profundamente tocada pela canção, uma professora de ensino médio entrou em contato com Kulash.[15] Será que ela poderia conseguir a partitura e fazer um arranjo para o coral de sua escola, de modo que eles também pudessem cantá-la durante a quarentena? Seu pedido gerou uma grande ideia. Eles decidiram disponibilizar suas músicas para o mundo sem cobrar nada, com o objetivo de unir uma comunidade global de músicos em vídeos de participação coletiva. Em parceria com o laboratório lúdico de aprendizagem da St. Thomas University, a canção ganhou arranjos para orquestra de cordas, coral, instrumentos de sopro e diversos outros conjuntos. Artistas e animadores produziram quadros de animação para serem coloridos por qualquer pessoa. Em seguida, a chamada foi aberta a artistas, estudantes e crianças em idade escolar que desejassem criar artes a serem apresentadas nos vídeos.

---

[*] Everything's untouched
But forever changed...

Everywhere on earth
Every single soul
Everyone there is
All together now

A resposta os surpreendeu. Eles receberam quinze *mil* inscrições. Para combiná-las, foi necessário um trabalho intensivo de edição, animação e mixagem, mas no fim chegaram a seis videoclipes inspiradores: a série #ArtTogetherNow.

Como disse Kulash: "Aquilo passou a ser a versão deles, não nossa".

Observando esse projeto, vemos a generosidade em cada etapa: a disposição do OK Go em doar suas músicas e dedicar bastante tempo ao planejamento e à organização. Os esforços de vários parceiros para tornar o projeto viável. E as doações de tempo e criatividade por trás de cada uma das quinze mil inscrições.

E é claro que nada disso teria sido possível sem a internet. Em sua melhor forma, a web pode realmente inspirar. Eu me lembro de ficar emocionado quando vi o primeiro vídeo do Virtual Choir de Eric Whitacre, que apresentou 185 cantores de doze países. *Foi para isso que inventaram a internet.*

A web possibilitou muitas colaborações inesperadas.

O grupo de K-pop BTS começou sua carreira em uma garagem em 2010. O sucesso foi meteórico. Em 2020,[16] eles se tornaram os artistas mais vendidos do mundo e ganharam o prêmio de artistas do ano da Federação Internacional da Indústria Fonográfica por dois anos consecutivos. Também foi a primeira banda sul-coreana a alcançar o primeiro lugar na Billboard Hot 100. O número de pessoas que acompanha o grupo é astronômico, com uma estimativa de *cem milhões de fãs* nas redes sociais.

Há outro fato extraordinário a respeito dessa base de fãs (conhecida como Army). Majoritariamente formado por jovens da geração Z, o Army é especialista em hackear os algoritmos das redes sociais para impulsionar hashtags e vídeos do BTS. E eles não param por aí. Com a sua força numérica e sua notória determinação, eles usam o poder de fogo das redes para tornar o mundo um lugar melhor, tanto on-line quanto off-line.

Parte do apelo do BTS é, de fato, o firme compromisso da banda em aliviar o sofrimento das pessoas. Cantam sobre saúde mental e o bem-estar da juventude, e fizeram uma ilustre parceria com a UNICEF no combate à violência contra os jovens. O BTS tem uma relação dinâmica e simbiótica com os fãs, em que um lado inspira o outro. Quando o BTS doou um milhão de dólares para o movimento Black Lives Matter, o Army equiparou essa quantia em pouco mais de 24 horas usando a hashtag #MatchAMillion. Quando o BTS e a UNICEF lançaram a hashtag #LoveYourselfBTS para divulgar mensagens de esperança e autocuidado para jovens vulneráveis, ela foi retuitada onze milhões de vezes pelos membros do Army. Esses fãs também levam seu ativismo para o mundo off-line. Para comemorar os aniversários de Jungkook e RM, dois membros do BTS conhecidos por seu ativismo ambiental, os membros do Army coordenaram campanhas de plantio de árvores em todo o mundo.[17] Milhares de árvores nativas foram plantadas nas Filipinas, na Coreia do Sul e no Brasil, e as novas florestas receberam o nome dos membros da banda.[18]

A internet permite colaborações que nunca tinham sido possíveis. As grandes iniciativas de software de código aberto foram uma das primeiras e mais marcantes manifestações disso. Jimmy Wales fez o mesmo com as informações, dando início à bem-sucedida Wikipédia, onde milhares de voluntários passam horas editando milhões de seus verbetes. Perguntei a Jimmy se era correto pensar na Wikipédia como um exemplo de generosidade contagiante. "Sem dúvida! Se você acabou de passar quatro horas aprimorando algum artigo obscuro na Wikipédia, não seria inusitado pensar em algum leitor curioso, talvez daqui a alguns meses ou anos, se deparando com o seu presente para o mundo e talvez sorrindo e se perguntando quem se deu ao trabalho de fazer essa maravilha. Além disso... é divertido! Você pode conhecer outras pessoas inteligentes e interessantes e trabalhar em conjunto em temas que lhe interessam."

Podemos encontrar esse espírito em toda a internet. A Rede Internacional de Mapeamento de Crises é uma comunidade voluntária de 9.600 especialistas em mais de 160 países que colaboram e compartilham dados.[19] O objetivo é prever desastres, coletar dados relevantes e proteger os cidadãos. A rede inclui formuladores de políticas, tecnólogos, pesquisadores, jornalistas e hackers. Com a contribuição de cada um deles, eles criaram um recurso de valor incalculável. E os esforços de cada indivíduo nessa comunidade inspiram outros a se juntar e contribuir.

Toda vez que você pensar em um ato de generosidade, vale a pena se perguntar como é possível recrutar outras pessoas para ele. Campanhas de crowdfunding são um exemplo disso, assim como os inúmeros círculos de doação que têm aparecido nos últimos anos, muitas vezes surgindo de maneira natural em grupos do Facebook ou canais do YouTube.

A colaboração nem sempre é fácil e, às vezes, o tiro pode sair pela culatra. Se você dirige uma organização erguida com cuidado ao longo de muitos anos, pode ser complicado estabelecer uma colaboração fácil com outra organização. Quem é responsável pelo quê? Se não houver clareza, as coisas podem rapidamente ficar caóticas e atrapalhadas. A chave é que todos tenham clareza desde o início quanto à melhor forma de dividir e conquistar.

Mas se você consegue encontrar uma maneira inteligente de estimular a colaboração, seu impacto pode ser enorme. E é provável que seja um uso muito mais produtivo do seu tempo do que simplesmente trabalhar sozinho e se perder em meio a tantos outros trabalhos. Também é mais gratificante trabalhar dessa forma. Quando as coisas estiverem difíceis, você terá outras pessoas para compartilhar o fardo. Quando tudo estiver ótimo, terá com quem comemorar.

Então, que tal ser adepto da generosidade contagiante colaborativa? Você poderia começar organizando um jantar para discutir um assunto, conforme o capítulo anterior. Dessa vez, o foco pode ser questões da vizinhança — ou do mundo — que mais preocupam os convidados e por quê. Em seguida, pergunte quais das questões postas poderiam interessar a eles enquanto grupo. Há uma boa chance de que pelo menos uma delas capte a imaginação das pessoas reunidas. Passe o resto do tempo pensando no que vocês poderiam fazer juntos em apoio a essa questão. Pode ser: decidir enquanto grupo se desejam se voluntariar por uma tarde em uma organização local sem fins lucrativos. Ou planejar uma pesquisa mais aprofundada sobre determinada questão, com cada um se dedicando a uma área específica. Ou todos contribuírem com uma pequena quantia para uma doação coletiva. Ou combinar ficar on-line para apoiar uns aos outros na divulgação de um meme ou de uma história que seja positiva para o mundo. Ou se unirem para ajudar uma família necessitada da região.

É possível que você acabe tendo uma ideia capaz de fazer diferença real e que aproxime todos vocês. Não há nada como uma causa comum para estreitar os laços de amizade. A generosidade coletiva local pode se tornar os novos clubes de leitura!

Você inclusive pode dar um passo além e transformar seus esforços em um círculo de doações que cresça com o tempo e atraia outras pessoas. O TED Talk de Sara Lomelin descreve de que maneira os círculos de doação acontecem e oferece dicas essenciais para fazer dar certo. Ela termina com este desafio: "E se cada cidade, cada questão, cada comunidade tivesse um círculo de doação com filantropos entusiasmados como você? Em um mundo que parece pesado, fazer filantropia em conjunto me enche de alegria e esperança para o futuro".

5. CRIE UM AMPLIFICADOR

Como vimos, histórias de impacto surpreendentes acontecem quando as pessoas utilizam as ferramentas de nossa era hiperconectada para amplificar seus esforços iniciais. John Sweeney passou de uma simples doação na forma de um café para um movimento global que repassa doações de cafés. Sal Khan passou da doação de vídeos individuais para uma organização dedicada a educar as pessoas. Ada Nduka Oyom não se limitou a conectar mulheres africanas na área de tecnologia; ela criou uma plataforma que possibilita isso em grande escala.

Se você puder criar um amplificador desse tipo, o impacto de suas ações vai alcançar um novo patamar. Exemplos óbvios incluem:

- Um grupo de rede social focado em uma forma específica de ajudar os outros.

- Um site que conecta pessoas preocupadas com determinada questão.
- Um aplicativo que facilita dar conselhos ou pedir ajuda.
- Uma campanha de crowdfunding.
- Uma organização que busca promover uma causa com a qual você se importa.

Esses esforços podem estar além dos recursos da maioria das pessoas. Nem todos somos engenheiros, organizadores ou empresários. Mas não há mal nenhum em estarmos abertos a essas possibilidades. Você pode começar no seu bairro e ver até onde consegue chegar. As ferramentas para a criação de movimentos assim evoluem a cada dia. E a IA oferece hoje novas e espetaculares possibilidades. Às vezes, tudo o que você precisa é estar no lugar certo, na hora certa, e encontrar algumas pessoas que pensam parecido e dispostas a ajudar.

Em nosso site infectiousgenerosity.org, estamos compilando recursos para qualquer pessoa interessada em sonhar com essas possibilidades.

Todos juntos agora
A emoção, a criatividade, a coragem, a colaboração e a amplificação são poderosas por si só. Quando combinadas, são eletrizantes. Elas são capazes de fornecer o combustível necessário para que os atos de bondade sejam notados e espalhem ondas de inspiração pelo mundo.

A história de Amy Wolff mostra cada uma dessas práticas — e como uma única pessoa, sem nenhum conhecimento especializado nem informações privilegiadas, pode dar início a uma campanha de generosidade contagiante. Na primavera de 2017, Wolff, que é treinadora de oratória, ouviu falar sobre as taxas de suicídio entre os jovens da sua cidade, Newberg, no Oregon.[20] Os dados impressionavam, e Wolff ficou impactada e sem esperanças. Ela não era terapeuta: O que diabos poderia fazer diante desse sofrimento?

Mais tarde, no podcast Sounds Good, ela contou que, apesar de se sentir muito despreparada, estava "determinada a fazer alguma coisa, e não ficar esperando que outra pessoa fizesse".

Anos antes, Wolff teve um sonho maluco. "Eu via placas num jardim que diziam 'Não desista'", contou ela, "para consolar alguém que passava por um divórcio ou enfrentava um vício. Como eu me sentiria se estivesse perdida, com um trauma ou passando por alguma angústia a caminho do trabalho, e do nada aparecesse essa *placa* me animando?"

As taxas de suicídio de Newberg foram o catalisador de que ela precisava para colocar seu sonho maluco em prática. Ela encomendou vinte placas de jardim com mensagens de amor, esperança e coragem inspiradas em Brené Brown: VOCÊ CONSEGUE, VOCÊ É DIGNO DE AMOR. Entrou no carro com o marido, os filhos e vinte placas de jardim, com a missão de pedir aos moradores de Newberg que as colocassem em seu quintal. "Essa é uma ideia muito, mas muito idiota", pensava Wolff enquanto dirigiam.

Mas estava errada. Todos os moradores com quem eles falaram quiseram pôr a placa no quintal. Em poucas horas, os grupos de redes sociais da região explodiram com mais pessoas querendo a placa também. Wolff se apresentou como a criadora das placas e fez um site onde recebia encomendas. Rapidamente, aquilo se tornou um movimento global, com pedidos vindos de todos os estados e de 24 países. E continua vendendo até hoje.

Choveram mensagens falando sobre o impacto positivo que as placas tiveram. Um homem estava de fato dirigindo em direção a um local onde planejava cometer suicídio quando viu uma placa que dizia NÃO DESISTA. Ele voltou para casa e se abriu com a família a respeito de sua depressão. Um viciado em drogas, tomado pela vergonha, viu "um negócio branco, brilhante" enquanto dirigia: uma placa em um jardim com os dizeres SEUS ERROS NÃO DEFINEM VOCÊ. Ele acabou se internando numa clínica de reabilitação.

Wolff não obteve um centavo de lucro com a iniciativa.[21] As placas eram um ato de gentileza que não pedia nada em troca: "Foram concebidas como um grito de guerra para qualquer pessoa, em qualquer lugar". Parece que esse tipo gentileza, que não pede nada em troca, atendeu a uma necessidade profunda e universal, tanto para quem recebeu quanto para quem doou.

O início desse projeto exigiu inteligência emocional, coragem, criatividade, colaboração e uma obstinação em ampliar ainda mais o impacto. E, a partir dessa energia catalisadora, surgiu um movimento global.

Há outro catalisador crucial no qual cada leitor deste livro pode se envolver. Ele merece um capítulo próprio.

8
Passe adiante

*Como a generosidade contagiante depende das
histórias que contamos*

No capítulo anterior, apresentei uma série de histórias de generosidade contagiante. Mas sei que podem ter ficado algumas dúvidas. O que vemos e ouvimos todos os dias pode reforçar nosso ceticismo em relação a se as coisas estão na direção certa. Nesse momento, o mundo retratado na grande mídia e nas redes sociais tende a ser sombrio. Tudo parece ameaçador. Política, tecnologia, criminalidade, cultura e, acima de tudo, o futuro assustador e perigoso. É claro que, se o mundo for realmente um lugar miserável e cruel, talvez seja melhor saber a verdade e se acostumar com ela. Mas será que o mundo é realmente assim? Muitas pessoas que analisam a realidade acreditam que não.

A obra-prima de Steven Pinker, *O novo Iluminismo*, de 2018, documenta em detalhes o progresso que a humanidade fez de maneira global em praticamente todos os aspectos da vida que podem ser medidos, o que inclui menos guerras, menos crimes, menos pobreza, avanço social em larga escala e maior longevidade. No início de 2023, perguntei a Pinker se ele achava que os acontecimentos recentes haviam prejudicado seu argumento. Ele disse que não.

"O progresso humano não é um argumento, é um fato", escreveu ele. "Isso continua sendo verdade, mesmo que os terríveis retrocessos da pandemia de Covid-19 e da guerra da Ucrânia tenham anulado alguns de nossos ganhos recentes. Retrocessos podem ser temporários, e mesmo essas circunstâncias se deram sob indicadores de progresso contínuo nos últimos anos: dezenas de países que erradicaram ou reduziram uma doença; aboliram a pena de morte, o casamento infantil; descriminalizaram a homossexualidade; protegeram ou restauraram áreas ecologicamente sensíveis; reduziram a poluição do ar e da água; protegeram os direitos das mulheres e das pessoas trans; ampliaram o acesso à eletricidade, à água potável e à educação; e aceleraram a transição para fontes de energia alternativas aos combustíveis fósseis. E os retrocessos nos lembram o que realmente é o progresso: não se trata de uma força milagrosa que torna a vida melhor para todos, em todos os lugares, o tempo todo, e sim dos dividendos da engenhosidade humana, do esforço, da compaixão e das boas ideias. Sempre que esses impulsionadores de desenvolvimento são enfraquecidos, o progresso é interrompido ou revertido, o que torna ainda mais urgente compreendê-los, valorizá-los e aprimorá-los."[1]

Concordo com Pinker, mesmo que as histórias que ouvimos nos levem a acreditar no contrário. Vamos parar um momento e pensar por que o cenário atual da mídia é dominado por desgraça e tristeza.

A lógica infeliz por trás da narrativa midiática

Na época em que eu era jornalista, tive um trabalho que consistia em elaborar um resumo das notícias mundiais com base no feed das principais agências de notícia. As matérias recebiam marcadores de acordo com a importância que as agências atribuíam a elas. Por exemplo, a Associated Press reservava o marcador "BOLETIM" para matérias que considerava absolutamente colossais, as mais importantes do dia.

O filósofo que há em mim começou a se perguntar como elas chegavam a essa conclusão. Como era possível comparar a importância de um drama político em um país com o que uma celebridade fez em outro? Então comecei a acompanhar essas matérias, e logo um padrão surgiu.

Grosso modo, o que normalmente era necessário para que determinada história se tornasse a principal notícia do mundo era que cem ou mais pessoas morressem de forma drástica ou violenta — a explosão de uma bomba, por exemplo, ou um acidente de avião. Havia algumas sutilezas. Se houvesse crianças envolvidas, o número de mortes poderia ser bem menor. Um desastre natural, como uma enchente em algum país distante, precisaria de muito *mais* pessoas mortas para justificar o interesse global. Mas, via de regra, cem mortes violentas garantiam a você a notícia mais importante do mundo.

À primeira vista, você pode achar razoável. Afinal de contas, é chocante quando um avião cai e mais de cem pessoas morrem.

A cena de famílias em luto toca nosso coração. Uma história assim pode ficar no noticiário dias a fio.

Mas o contexto mais amplo é deixado de lado. Na verdade, estou supondo que você não saiba o que estou prestes a lhe dizer. Quando se leva em conta todas as causas, *mais de 170 mil pessoas morrem todos os dias*.[2] O acidente de avião representa em média 0,06% de 1% desse total. Talvez você diga que as mortes por problemas de saúde ou causas naturais não são tão interessantes. Pode ser. Mas para quase cada uma dessas 170 mil mortes, em algum lugar uma família está em luto. Se você é mãe, seria mais doloroso perder um filho em um acidente de avião ou por uma doença comum? É mais ou menos a mesma coisa, não acha?

As verdadeiras manchetes deveriam ser sobre os esforços incríveis sendo feitos por aí para reduzir esse sofrimento humano. Para citar apenas um exemplo: em 1990, apesar de décadas de auxílio em desenvolvimento e avanços médicos, mais de 35 mil crianças morriam *todos os dias*.[3] Agora, graças aos esforços heroicos daqueles que dedicaram a vida a combater a desnutrição e as doenças infantis evitáveis, esse número é inferior a quatorze mil.

Então eu pergunto a você: o que é mais importante saber sobre o mundo? Que cem pessoas morreram em um acidente de avião ontem ou que 21 mil crianças, que teriam morrido ontem se o mundo estivesse igual a alguns anos atrás, na verdade estão vivas?

É um escândalo que quem saiba disso e, consequentemente, possa decidir qual é mais importante seja um número muito pequeno de pessoas.

Não existe má intenção nesse caso. Muito pelo contrário. Os editores de notícias do mundo todo se orgulham de saber separar o joio do trigo de uma forma interessante. Eles têm um instinto incrível para saber o que atrai a imaginação das pessoas. Mas eles são influenciados por dois fatores de distorção.

1. Viés cognitivo: o ruim é mais forte que o bom

Todos os seres humanos são programados para prestar mais atenção ao perigo do que à oportunidade. Somos seres complexos e improváveis. É muito mais fácil ficarmos gravemente feridos do que nos tornarmos consideravelmente melhores.

Esse alerta de perigo acabou se tornando parte fundamental de nossa psicologia, mesmo em um mundo em que muitos dos perigos que nos ameaçavam antes tenham desaparecido.

Um clássico artigo de psicologia social, escrito por Roy Baumeister e outros em 2001, tem o contundente título "Bad Is Stronger than Good" [O ruim é mais forte que o bom].[4] Ele demonstrava que, em muitas áreas da psicologia, os aspectos negativos da vida nos afetam com mais intensidade e por mais tempo do que os bons. A boa educação dada pelos pais muitas vezes é esquecida, já os traumas de infância podem durar a vida inteira. Os ganhos são apreciados, mas o que realmente não sai de nossa cabeça são as perdas. (É por isso que a aversão à perda é uma força tão poderosa, que atrapalha nossa generosidade.) E, definitivamente, quando o assunto é aquilo capaz de captar nossa atenção, o que é assustador, perigoso e desagradável geralmente supera o que é nobre, esperançoso e gentil. Como diz o psicólogo Rick Hanson: "O cérebro é como um velcro para experiências negativas e um teflon para as positivas". Isso é um fato bastante irritante sobre nós. Mas, uma vez que tomamos conhecimento disso, podemos começar a deixar isso para trás.

2. Viés temporal: o que é bom acontece devagar, o que é ruim acontece rápido

A complexidade da natureza humana também se aplica ao mundo em geral e nos leva a outra estranha assimetria entre o bom e o ruim. O estado natural do universo é o caos. É preciso tempo para que qualquer coisa boa aconteça. Normalmente, as coisas boas são construídas de pouco em pouco por um grande número de pessoas. Uma inventora fica entusiasmada com uma ideia para resolver um grande problema. Ela então se une a um empreendedor. Juntos, procuram patrocínio e recrutam uma equipe para trabalhar com eles. Dez anos depois, a vida de milhões de pessoas melhora. Mas não há um único momento em todo esse processo em que um editor de jornal diga: "Já temos a primeira página!".

Veja o caso do celular. Ele mudou completamente o mundo, beneficiando (e às vezes prejudicando) a vida de bilhões de pessoas. Mas, no dia 4 de abril de 1973, quando o *New York Times* anunciou o lançamento do primeiro "telefone sem fio" do mundo, a notícia estava escondida no final da página 57.

Ou veja, por exemplo, outro divisor de águas, a penicilina. Ela foi descoberta por Alexander Fleming em 1928. Sua primeira menção no *New York Times* só veio doze anos depois, mais uma vez escondida na página 57, apesar do título curto e promissor: "Novo medicamento não tóxico é considerado o mais poderoso matador de germes já descoberto". Sim, a Segunda Guerra Mundial estava a pleno vapor na época, então podemos entender que a atenção dos editores estivesse em outro lugar. No entanto, a penicilina desempenharia um papel fundamental na vitória daquela guerra e um dia se estimaria que ela teria salvado mais de cem milhões de vidas, o dobro do número de vidas que a guerra tirou.[5] Mas, para chegar a tanto, ela precisou ser desenvolvida e testada para que por fim fosse adotada nos sistemas de saúde do mundo. Uma chatice. Mas mudou o mundo.

As coisas ruins, por outro lado, podem acontecer em um instante e ser reconhecidas em um instante. Um edifício que levou uma década para ser planejado e construído pode explodir em uma fração de segundo. Um político com uma vida inteira de experiência em liderança pode ser arruinado por um único ato imprudente. Um avião cheio de passageiros pode ser derrubado por um raio.

E assim... a mídia distorce
Junte essas duas coisas e você terá um problemão. Os veículos de comunicação se concentram principalmente em responder à pergunta: "Qual foi a maior tragédia que aconteceu nas últimas horas?". Os dois vieses anteriores os empurram na direção de matérias que fazem o mundo parecer alarmante.

As redes sociais tornaram a coisa mais radical, e pelos mesmos motivos. As publicações que chamam atenção e as contas que atraem mais seguidores geralmente são aquelas mais eficazes em provocar e criticar. O objetivo é dar a todos nós a impressão de um mundo implacável e hostil, com grupos que julgamos ser extremamente contrários a nós.

É claro que há muitas notícias ruins que precisamos mesmo ouvir: injustiças, abusos de poder, ameaças concretas ao nosso futuro, entre outras. Mas os veículos de informação estão amplificando de forma intensa notícias ruins de todos os tipos, e muitas vezes não conseguem noticiar coisas que estão dando certo.

Isso é preocupante. Porque nosso próprio caráter é moldado por histórias que contamos a nós mesmos. O que ouvimos molda o que acreditamos. E o que acreditamos molda quem somos.

Assim, estamos enganando a nós mesmos ao pensarmos que o mundo é pior do que ele realmente é, e essa crença nos torna menos confiantes, menos esperançosos e menos dispostos a acreditar que podemos fazer algo a respeito disso. Sem querer, estamos criando divisões, desconfianças e disfunções intransponíveis.

Nós *temos* que corrigir isso. Alguns esforços nesse sentido já estão em andamento.

Dar o devido destaque a histórias melhores
Um número cada vez maior de fontes na internet está comprometido com uma narrativa diferente, ancorada em dados e em uma perspectiva de longo prazo. Elas mostram um mundo onde, sim, há grandes desafios, mas também um enorme progresso em curso.

Dê uma olhada no Future Crunch ("Se quisermos mudar a história da raça humana no século XXI, temos que contar outra história a nós mesmos") e na Progress Network ("Vamos criar o futuro dos nossos sonhos, não dos nossos temores"). A Good News Network combina histórias pessoais emocionantes com relatos mais profundos sobre o progresso científico e ambiental. A Solutions Journalism Network está chamando a atenção para aqueles que tentam resolver os problemas do mundo. David Byrne, da banda Talking Heads, fundou o site Reasons to Be Cheerful — confira a série de artigos intitulada *We Are Not Divided*. O Upworthy oferece "o melhor da humanidade diariamente". E há muitos outros esforços que procuram compartilhar as notícias mais significativas e esperançosas do dia.

O que a grande mídia pode fazer
Assim que este livro for publicado, pretendo enviar exemplares para os editores de cem das organizações jornalísticas mais influentes e pedir que eles leiam este capítulo e escrevam uma resposta pública. Muitos, suspeito, vão dizer que, em alguns momentos, já se preocuparam com essas questões, mas que, no fim das contas, são as notícias trágicas que vendem. E que se abrirem mão delas, não vão sobreviver. Porém, há dezenas de medidas menores a serem tomadas que seriam de grande ajuda. E acredito que elas tornariam suas publicações e seus programas *mais* interessantes, e não menos:

- Inclua todos os dias uma matéria baseada em dados que mostre tendências de longo prazo de uma questão importante para as pessoas, *mesmo que seja uma boa notícia*, ou seja, comprometa-se a publicar antes de saber aonde os dados o levam.

- Redobre os esforços para encontrar histórias que mostrem invenções, inovações ou ideias promissoras.

- Em todas as notícias ruins, adicione contexto a elas. Um avião caiu. Mas qual é o total de mortes em acidentes aéreos nesse ano em comparação com os anteriores? Uma criança desapareceu. Mas qual a porcentagem de crianças desaparecidas que acabam sendo encontradas bem? E a tendência é de melhora ou piora?

- Fixe um espaço para apresentar heróis invisíveis que fizeram algo de bom para sua comunidade.

- Fixe uma coluna de opinião intitulada *Minha ideia ambiciosa*.

- Fixe um espaço no qual os leitores são convidados a compartilhar histórias simples de bondade humana.

- Publique diariamente uma reportagem dedicada a eventos significativos da última década cuja importância só ficou clara recentemente.

- Convide a Solutions Journalism Network para escrever a você uma matéria todo dia.

- Considere redefinir sua missão para: "Notícias que importam".

As histórias que devemos contar
Se você leu essa lista e se pegou pensando "Isso nunca vai acontecer, eles nunca vão resolver essas coisas", talvez *você* possa ajudar! Esse é um esforço do qual todos nós podemos participar. Todos somos editores. Todos os dias, milhões de atos generosos acontecem no planeta Terra. E quase todos escondidos da vista. Se pudéssemos notar esses atos e compartilhar histórias a respeito deles, poderíamos transformar a maneira como pensamos sobre nós mesmos e sobre nossos semelhantes.

Mas há um paradoxo aqui. As almas generosas geralmente não querem fazer estardalhaço. Somos ensinados que a generosidade deve ser feita com modéstia e fora dos holofotes. E de fato muitas vezes censuramos aqueles que parecem ostentar a bondade. Mas isso tem uma consequência trágica: as histórias que poderiam amplificar a generosidade deixam de ser contadas. O que entrega esse espaço de debate público à nossa mais sombria natureza.

Que tal se revidássemos um pouco? Devemos nos empenhar em descobrir e compartilhar a generosidade, a criatividade, a audácia e a colaboração das pessoas sempre que toparmos com elas. E isso inclui histórias que conhecemos melhor do que ninguém: as nossas! Precisamos parar de ser modestos, nessa turbulenta guerra pela atenção que acontece hoje, e assumir a responsabilidade moral de compartilhar essas histórias também.

Acredito que exista uma maneira de se fazer isso sem que pareça ostentação. Espero que sim, pois já compartilhei com você várias das minhas histórias. Aqui está aquilo que acredito fervorosamente: cada ato generoso meu veio da sorte que tive em quase todas as fases da minha vida. Portanto, não há motivo para me gabar.

Estou apenas passando adiante, na esperança de que elas incentivem outras pessoas. Com um espírito semelhante, convido você a compartilhar aquilo que faz e traz alegria para você e para os outros. Tudo faz parte da mudança da narrativa.

A magia de MacKenzie

MacKenzie Scott está fazendo isso. Seu divórcio do fundador da Amazon, Jeff Bezos, em 2019, a deixou com uma fortuna avaliada em até sessenta bilhões de dólares. Ela rapidamente se comprometeu a "devolver a maior parte da minha riqueza à sociedade que ajudou a gerá-la, a fazer isso com atenção, a começar logo e a continuar até que o cofre esteja vazio".[6] Desde então, todos os anos ela tem feito doações surpresa para várias organizações, totalizando bilhões e bilhões de dólares. E ela não tem medo de tornar essas doações públicas se as organizações assim o desejarem. Suas doações são o oposto da autopromoção. Sua intenção é celebrar as pessoas que ela tem como heróis: aquelas que trabalham arduamente pela mudança. Observadores da filantropia ficaram surpresos com sua ousadia e a disposição em confiar seu dinheiro a empreendedores sociais sem torturá-los com uma diligência prévia interminável, ou com exigências em relação a como o dinheiro é gasto. Se você quiser ver como é doar publicamente sem se gabar, passe algum tempo no site yieldgiving.com de MacKenzie. Ele inclui alguns dos ensaios mais ponderados sobre filantropia já vistos. Aqui está uma passagem em que ela fala sobre aqueles que inspiraram sua própria generosidade:

> *Foi o dentista local que me ofereceu um tratamento dentário gratuito quando me viu prendendo um dente quebrado com cola*

de dentadura na faculdade. Foi a colega de quarto da faculdade que me viu chorando e, num impulso, me emprestou mil dólares para evitar que eu não abandonasse o curso no segundo ano. E, vinte anos depois, quando viu a diferença que aquilo fez em minha vida, o que ela fez? Abriu uma empresa que oferecia empréstimos a estudantes de baixa renda sem fiador. E com que rapidez eu aproveitei a oportunidade para apoiar seu sonho de ajudar estudantes, como ela fez comigo? E cada um dos milhares de estudantes que hoje prosperam graças a esse empréstimo, movido pela gratidão, vai apoiar quem? Não fazemos a menor ideia. Cada expressão de generosidade é única e tem um valor muito além do que podemos imaginar ou descobrir.[7]

Nunca se trata apenas de uma doação. As doações carregam consigo o potencial de se replicar. E isso só acontece se o mundo souber delas. Para ser claro, não estou dizendo que é proibido doar anonimamente. Mas, caso você doe assim, espero que consiga encontrar uma maneira de permitir que a história dessa generosidade seja contada, mesmo que seu papel permaneça invisível.

Nem todo mundo pode ser um grande artista, professor, ativista, filantropo ou fundar uma organização. Mas todos nós somos capazes de notar outras pessoas que o são. Se conseguirmos fazer o mundo conhecer alguém que demonstre uma generosidade excepcional, essa generosidade vai se espalhar.

Esses atos estão acontecendo ao nosso redor. Só precisamos notá-los e compartilhá-los de uma forma que não seja entediante! Isso significa prestar atenção à bondade humana, à criatividade e à coragem — e a qualquer exemplo de uma conexão humana autêntica que mostre do que somos capazes. Se algo chama a sua atenção, pode ter certeza de que outras pessoas vão se interessar.

As redes sociais estão repletas de perfis que compartilham conhecimentos valiosos ou espalham admiração, sabedoria e inspiração. Mas muitos deles têm muito menos visibilidade do que merecem. Se um número suficiente de pessoas se dedicasse a descobrir e divulgar esses perfis, isso poderia mudar as coisas. A forma como vemos o mundo.

Você poderia, por exemplo, a cada vez que estiver on-line, visitar pelo menos um dos sites listados neste capítulo (e também em infectiousgenerosity.org) e escolher pelo menos uma história positiva para compartilhar no seu feed. Mesmo que a história não fale diretamente de generosidade, mas de algum outro aspecto positivo do mundo, seu ato é generoso. Você está presenteando tanto os personagens da história quanto aqueles com quem você está conectado. Está ajudando a corrigir o desequilíbrio em nossa narrativa padrão. Está ajudando a revelar uma verdade sobre nós mesmos que corremos o risco de esquecer: a humanidade não é definida pelo mal praticado por alguns. Ela é definida pela bondade praticada pela maioria.

A cada vez que você amplifica a generosidade, está ajudando a mudar o cenário. Está ajudando a pintar um quadro mais justo do mundo, um quadro no qual todos nós podemos deixar os temores para trás e perceber que há um caminho para um futuro mais esperançoso.

9
E O DINHEIRO?

Como ir além da doação por impulso

Como vimos, muitas das formas mais inspiradoras da generosidade não estão relacionadas a dinheiro. Se essas são as formas nas quais você precisa se concentrar, meus cumprimentos. Você pode, com a minha bênção, pular este capítulo. Ou guardá-lo para um momento em que estiver com os bolsos mais cheios.

Se você ainda está lendo isso, vou presumir que tem a sorte de ter uma vida confortável hoje e que gostaria de expressar parte de sua generosidade financeiramente. Talvez você concorde comigo que, para muitas pessoas, a forma como a filantropia se dá atualmente não é lá muito satisfatória. As doações são facilmente motivadas por decisões tomadas no calor do momento. Um desastre acontece em algum lugar do mundo; as imagens são horríveis. E aí fazemos nossa parte. Ou nos concentramos apenas nos apelos da nossa comunidade, sem parar para pensar se o dinheiro será usado de forma eficaz.

No budismo tibetano, doar sem hesitação, análise ou discernimento é conhecido como "compaixão idiota".[1] E nós não queremos ser idiotas. Preferimos fazer perguntas sábias, como: o que esperamos alcançar com nossas doações, e como iremos alcançá-la? Existe um caminho para se obter um aproveitamento real? Como vamos desencadear o efeito dominó capaz de transformar uma doação em generosidade contagiante?

Em resumo, precisamos de uma *estratégia* filantrópica. E este capítulo foi elaborado para ajudá-lo a criar a sua.

Por que não é fácil
O problema fundamental é que o mundo das interações humanas é muito complicado. Em uma transação econômica direta, as coisas são simples. Eu pago a você cinco dólares. Você me dá um cappuccino. Tanto o comprador quanto o vendedor sabem o que estão recebendo.

Mas quando se trata de aliviar o sofrimento humano, as coisas logo ficam mais complicadas. Você vê uma pessoa em situação de rua. Ela gostaria que você lhe desse cinco dólares. Mas você deveria dar? Esse dinheiro provavelmente tem muito mais valor para ela do que o prazer que você teve com seu cappuccino. Mas aí você começa a pensar. Em que ela vai gastar o dinheiro? Você não estaria apenas sustentando um sistema falido? Não estaria apenas criando dependência, em vez de dignidade?

Por outro lado, e se antes de dar o dinheiro você parasse para conversar com essa pessoa e ouvisse sua história? Talvez assim você acreditasse que tudo o que ela realmente precisa no momento é de uma refeição. Ou que ela está realmente economizando para conseguir uma moradia de baixo custo. Talvez você estabeleça uma conexão humana que gere dignidade para ambos. E talvez com isso você se inspire a incentivar outras pessoas a fazer o mesmo.

Por outro lado, isso levaria dez minutos, e talvez você pudesse usar esses dez minutos para ganhar muito mais do que cinco dólares, ou talvez fosse melhor ir para o trabalho e apenas passar um cheque maior para uma instituição de apoio aos sem-teto.

E assim, em vez de se envolver com a complexidade do problema, a maioria simplesmente passa reto. Podemos até sentir uma pontada de culpa. Mas, olha, fazer a coisa certa não é tão fácil assim.

Essa falta de clareza só aumenta quando elevamos o valor das doações até a casa das centenas, dos milhares ou dos milhões de dólares. A relação entre dar dinheiro e ver o mundo melhor pode ser barrada de várias maneiras. Nossos sistemas sociais, tecnológicos e econômicos são capazes de criar as mais loucas consequências de forma não intencional. Ou simplesmente fazer com que nossas boas intenções se frustrem.

O medo disso tudo faz com que todos os doadores em potencial, grandes ou pequenos, hesitem. Já é difícil abrir mão do dinheiro. A perspectiva de que nossa doação seja um fracasso e um constrangimento pode nos paralisar.

Não deveria. O primeiro passo para estabelecer sua própria estratégia filantrópica é simplesmente aceitar que ela nunca será isenta de riscos. Podemos buscar minimizar os riscos e maximizar as vantagens. Mas o risco de fracasso ou de consequências não intencionais nunca é zero. Uma iniciativa bem pensada que termina em fracasso é melhor do que hesitar, hesitar e acabar não agindo.

1. Faça as perguntas certas

A maneira mais sábia de decidir suas prioridades filantrópicas é envolver cada parte sua, tanto a emoção quanto a razão, no processo.

O foco da caridade de muitas pessoas é quase imposto a elas por algum evento em sua vida. A perda de um ente querido. Uma intensa exposição ao sofrimento humano. Essas experiências podem fornecer a motivação necessária para que alguém se comprometa com uma causa. É difícil manter a generosidade ao longo do tempo, por isso a melhor chance de permanecer comprometido é deixar-se influenciar por algo que realmente importa para você.

Mas certifique-se de que você não está sendo impulsionado apenas pela emoção. Se planejar suas doações com sabedoria, pode haver uma diferença enorme no impacto a longo prazo da sua generosidade. O filósofo Will MacAskill nos recomenda fazer três perguntas se quisermos que nossa doação tenha efeito: qual é o tamanho do problema? Até que ponto ele pode ser resolvido? Até que ponto ele é negligenciado?

Uma pergunta que *não deveria* de forma alguma nos deter: esse é o melhor uso do meu dinheiro? Você nunca vai ter uma confirmação clara disso, porque é impossível analisar todos os outros usos dele. Focar nisso é uma receita para a inação. É melhor apenas se perguntar: esse é um *bom* uso do meu dinheiro? Se a resposta for sim, vá em frente. É melhor que seu dinheiro circule no mundo do que fique preso em sua conta bancária.

Como descobrir qual organização atuante na área que você priorizou pode ser a melhor destinatária do seu dinheiro? O conselho tradicional é que você escolha aquela com os menores custos operacionais, para que a maior parte possível do seu dinheiro chegue aos destinatários pretendidos. Mas isso pode desviar você do caminho certo. O trabalho sem fins lucrativos não é um repasse de fundos. É uma tentativa de melhorar a vida das pessoas fornecendo serviços essenciais ou promovendo mudanças estruturais. Os custos operacionais de uma organização consistem em recursos gastos com as pessoas que trabalham lá, cujo salário muitas vezes está bem abaixo do mercado, fazendo o melhor que podem para levar as coisas adiante. Para decidir quais organizações apoiar, você precisa analisá-las como um todo. Escolha uma métrica que seja importante para você, seja a quantidade de vidas salvas, a redução do sofrimento ou as áreas protegidas — e depois faça as contas. Sob essa métrica, qual seria o impacto geral na organização para cada mil dólares doados? Ou então utilize sites de comparação, como o givewell.org ou o thelifeyoucansave.org.

Um breve comentário: o altruísmo eficaz e seus críticos

Esses dois sites fazem parte do movimento altruísmo eficaz (AE), que surgiu dos escritos de Peter Singer, Will MacAskill e outros. Seu objetivo é direcionar as pessoas para uma abordagem racional de sua generosidade, o que certamente é um objetivo louvável. No entanto, o movimento sofreu um grande baque no final de 2022 com a queda do corretor de criptomoedas Sam Bankman-Fried, preso sob a acusação de fraude em massa. Ele havia sido um defensor público da AE e financiara várias causas associadas a ela. Sua prisão provocou uma enxurrada de críticas, não apenas a ele, mas também ao AE.

Muitas das críticas pareciam infundadas. Em todas as sociedades, há uma minoria de trapaceiros que procuram explorar as boas intenções dos outros. Devemos estar atentos a eles, mas não podemos deixar que definam nosso sistema de valores. Conheci muitas outras pessoas do movimento e geralmente as considero entre as mais atenciosas e generosas que poderia conhecer.

De fato, existem riscos em uma abordagem excessivamente cerebral, que constrói tudo a partir de um cálculo das consequências. Mencionarei a seguir algumas áreas em que precisamos ter cuidado para não sermos levados na direção errada. Mas vamos voltar à questão-chave que motivou o AE antes de mais nada. *Queremos que nosso altruísmo seja mais eficaz?* Ora, sim. Com certeza queremos. A missão do AE não poderia ser mais importante. Estou confiante de que ele encontrará seu caminho, mais forte, mais humilde e mais sábio.

2. Veja além de seu país, sua espécie e sua época

Uma das principais sugestões do movimento AE é ampliar nossa visão sobre quem deve ser o destinatário de nossa filantropia. Para muitas pessoas, a forma mais significativa de doação é aquela voltada para a comunidade local. Há muito a ser dito sobre isso. É muito mais provável que você conheça os verdadeiros problemas de sua região. Você pode oferecer seu tempo para resolver um problema, além de dinheiro, e terá a satisfação de ver o impacto de sua ação bem na sua frente.

Mas também há fortes argumentos para considerar o apoio a iniciativas em países em desenvolvimento, onde, sob muitos aspectos, as necessidades são maiores e o dinheiro pode chegar mais longe.

Nos Estados Unidos e na Europa, muitas iniciativas criadas para salvar vidas podem custar um milhão de dólares ou mais por vida salva.[2] No entanto, de acordo com o site Givewell.org, as melhores instituições de caridade voltadas para doenças e que atuam em nível global podem salvar uma vida para cada 3.500 dólares doados.[3] Por exemplo, a distribuição de algumas centenas de mosquiteiros tratados para matar vetores da malária salva, em média, a vida de uma pessoa (além de evitar centenas de infecções). Cada mosquiteiro custa apenas cinco dólares.

Por que essa diferença? Em parte, porque todos os custos são muito mais altos nos países ricos, a começar pelo salário das pessoas que tentam ajudar. Mas também porque os países em desenvolvimento ainda enfrentam vários problemas que podem ser tratados por vias econômicas, como a malária ou infecções por vermes. Essas pragas foram em grande parte eliminadas nos países ricos, onde os grandes causadores de mortalidade, como o câncer, a obesidade e as doenças cardíacas, têm tratamentos muito mais caros.

Portanto, como doador, se você quiser que seu dinheiro atinja mais pessoas, pode fazer sentido concentrar-se nos países em desenvolvimento. Claro, isso parece contradizer o conselho anterior para que você "use seu coração". Os problemas de outros países podem parecer bastante remotos, mas não precisam parecer. Com um pouco de esforço, você consegue dar enorme visibilidade para as pessoas que está ajudando, seja se envolvendo diretamente com a organização ou — o que seria o ideal — viajando e tendo uma experiência em primeira mão dos problemas.

Quando você faz isso, uma resposta generosa vem naturalmente. O agente literário Todd Shuster, de Nova York, foi a Ruanda em 2018 apenas como turista, mas se apaixonou pelo país e por seu povo. Ele decidiu dar apoio a uma família de lá e fazer o possível para voltar ao país e prestar serviços. Apenas dois anos antes, ele e a estudiosa da paz Maya Soetoro-Ng haviam fundado uma organização sem fins lucrativos nos Estados Unidos que oferece bolsas de estudo para artistas e jornalistas promissores comprometidos com a justiça social, chamada Peace Studio. Todd convenceu os colegas da Peace Studio a buscar uma colaboração em Ruanda: recém-formados da Juilliard e de outros conservatórios dos EUA se uniram a jovens artistas locais para desenvolver uma apresentação conjunta no Ubumuntu Arts Festival em julho de 2019, em comemoração ao 25º aniversário da trágica guerra civil em Ruanda, no Memorial do Genocídio em Kigali.

"Testemunhar a colaboração desses artistas e a ovação que receberam no anfiteatro foi extremamente inspirador", me disse Todd mais tarde. "E por um custo anual muito menor que o de um único curso universitário nos Estados Unidos, pude ajudar uma família inteira em Ruanda a realizar o sonho de mandar a filha para a universidade e apoiar o filho no lançamento de uma pequena empresa. Tem sido uma experiência muito agradável para todos nós."

Depois de dar o salto que é olhar para as necessidades das pessoas que vivem longe, há dois outros saltos que valem a pena considerar.

Primeiro, podemos estender nossa generosidade às espécies com as quais compartilhamos este planeta. Os seres humanos podem se destacar mais do que outros animais, mas há uma coisa que muitos ou todos eles compartilham com a gente: a senciência. Como escreveu o filósofo Jeremy Bentham: "A questão não é 'eles são capazes de raciocinar?' ou 'eles são capazes de falar?', e sim 'eles são capazes de sofrer?'". Em seu livro *Libertação animal*, relançado recentemente com novas e devastadoras atualizações, Peter Singer defende com veemência que a maneira como tratamos os animais hoje em dia — especialmente em fazendas industriais e laboratórios de pesquisa — é vergonhosa. Dezenas de organizações tentam corrigir a injustiça por meio de ativismo, reformas legais, trabalho de base e a simples conscientização.

Em segundo lugar, há argumentos poderosos para nos atentarmos às gerações que ainda não nasceram. Se desperdiçarmos nosso tempo neste planeta e permitirmos nossa autodestruição com uma série de possíveis ameaças à existência, não seremos apenas nós os perdedores. Impediremos que milhões de vidas tenham a chance de existir.

Quanto mais distante ou abstrato for o destinatário de nossas doações, mais difícil vai ser confiar na emoção humana instintiva para motivar a nós e aos outros. E há perigos claros em ir longe demais com esse argumento. Se você acha que suas ações podem contribuir para salvar inúmeras vidas futuras, talvez acabe se convencendo de que não há problema em fazer coisas desagradáveis para atingir esse objetivo.

Calculo que fazer X aumentará em cerca de 1% a chance de cem bilhões de pessoas nascerem, impedindo que a humanidade seja extinta neste século. Matematicamente, isso equivale a salvar um bilhão de vidas. Ninguém na história realizou algo dessa magnitude. Portanto, assim como Abraham Lincoln estava disposto a fazer uso de alguns truques políticos sujos para que a legislação abolicionista fosse aprovada, eu devo estar disposto a fazer o que for preciso, seja bom ou ruim, em nome de X.

Entretanto, o mundo é incerto demais e os riscos altos demais para que isso seja calculado por um indivíduo. Certamente não haverá justificativas para atos que ultrapassem as barreiras morais que estabelecemos uns para os outros; e os direitos e interesses daqueles com quem compartilhamos o planeta devem ser respeitados. Para mim, uma abordagem inteligente seria, sim, levar a sério as ameaças à existência. Não há dúvida de que muitas delas não recebem o devido investimento, levando em conta os riscos que elas representam. Mas devemos nos afastar de argumentos do tipo "os fins justificam os meios" em apoio a esses esforços. É muito perigoso. E, para a maioria, a grande parte de nossos esforços deve se concentrar em tornar o mundo um lugar melhor, mais saudável, mais bonito. Em quase todos os casos, esses esforços também fortalecem nossa defesa contra futuros distópicos.

3. Pense na alavancagem

Para que a doação tenha realmente efeito, é útil, descobri, focar no conceito de *alavancagem*. O impacto é o que importa, mas a alavancagem é o meio pelo qual uma organização pode aumentar seu impacto de maneira drástica. Desde que os seres humanos descobriram que uma pessoa com pouca força com uma barra de ferro de um metro de comprimento e uma pedra para apoiá-la era capaz de deslocar um pedregulho de cem quilos, ficamos obcecados com como fazer mais com menos. Você prefere financiar um ovo de ouro ou uma galinha capaz de botar mil ovos de ouro?

Existem inúmeras forças capazes de expandir o impacto do seu dinheiro em uma organização. Aqui estão alguns exemplos:

Tecnologia
Toda máquina é projetada para amplificar a capacidade humana. A instituição beneficente KickStart International fornece bombas de pé acessíveis para agricultores de baixa renda na África. Por cerca de setenta dólares, um único sistema de bombeamento pode sugar água de seis metros abaixo da superfície para irrigar um acre de plantação de frutas e vegetais de alto valor.[4] Isso pode gerar uma renda anual extra de cerca de setecentos dólares por bomba vendida. Mesmo levando em conta todas as despesas gerais e o custo dos anos gastos para desenvolver esse modelo, a KickStart conseguiu tirar 1,4 milhão de pessoas da pobreza com cem milhões de dólares — um custo de apenas setenta dólares por pessoa, e o valor só diminui com a produção em escala. Isso é alavancagem.[5]

O Environmental Defense Fund (EDF) está na vanguarda dos esforços de combate às mudanças climáticas. Um dos maiores desafios é reduzir as emissões de metano, que, de tonelada em tonelada, produz um efeito estufa oitenta vezes maior que o do CO_2 em seus primeiros anos na atmosfera. O metano é um gás valioso, e a maioria das emissões comerciais ocorre de forma não intencional, por meio de vazamentos em tubulações e coisas do tipo. Se pudermos rastreá-las, é provável que as empresas queiram interrompê-las e, se não o fizerem, elas podem ser expostas e obrigadas a fazer. Assim, o EDF projetou um satélite que usa detectores personalizados para mapear de onde vêm os vazamentos e qual o tamanho deles, em todo o mundo. Pense nisso. Um único dispositivo do tamanho de uma máquina de lavar pode rastrear informações cruciais nos 510 milhões de quilômetros quadrados da superfície da Terra. As mudanças climáticas são um desastre de vários trilhões de dólares vindo em nossa direção. O custo desse importante satélite? Noventa milhões de dólares. Isso é alavancagem.[6]

Educação

A aquisição e o uso do conhecimento são os maiores ativos da humanidade. Algo aprendido em uma hora pode durar a vida inteira. Ainda assim, durante quase toda a história da humanidade, a grande maioria dos seres humanos não teve acesso a nenhum tipo de educação formal. A Educate Girls é uma das organizações que visam corrigir esse problema. Sua equipe percorre aldeias na Índia onde meninas nunca foram à escola, visita cada casa e apresenta pacientemente aos pais e anciãos da aldeia o argumento de que elas devem ter uma chance. A abordagem metódica do grupo, apoiada em um cuidadoso rastreamento de dados, permitiu que mais de 1,4 milhão de meninas passassem a frequentar a escola e começassem a sonhar com uma vida além do casamento precoce e da pobreza intergeracional. Em termos filantrópicos, dar a elas essa chance de mudar de vida custa em torno de setenta dólares por menina. Isso é alavancagem.[7]

Ciência

Todos os avanços da civilização nos últimos três séculos se iniciaram com descobertas científicas. Antes que Thomas Edison inventasse a luz elétrica, Benjamin Franklin precisou empinar uma pipa em uma tempestade elétrica. Antes que Louis Pasteur descobrisse como tornar o consumo de leite seguro, Robert Hooke precisou desvendar o incrível mundo microbiano. Se você tivesse tido a chance de financiar o trabalho de Franklin ou Hooke, teria mudado a história. E aqui está a boa notícia: você ainda pode. A ciência e a medicina estão repletas de descobertas a serem feitas.

Por exemplo, o Institute for Protein Design, em Seattle, está usando a técnica de IA conhecida como aprendizagem profunda e os recursos de milhares de voluntários para esculpir proteínas totalmente novas que podem ter um impacto transformador no futuro de todos nós. Os cinco grandes desafios que o instituto assumiu incluem a descoberta de vacinas universais para a gripe, o HIV e o câncer; a criação de nanocontêineres de proteínas inteligentes para fornecer medicamentos específicos; e nanoengenharia de última geração para captação e armazenamento de energia solar. Seu orçamento anual é inferior a trinta milhões de dólares, mas os avanços que eles podem alcançar são muito maiores. Isso é alavancagem.

Empreendedorismo
Os empreendedores são os heróis do mundo dos negócios. Uma ideia na mente de um único empreendedor pode se transformar em um negócio autossustentável que afeta milhões de pessoas. E se essas empresas estivessem prestando serviços essenciais a pessoas necessitadas, como fornecimento de água potável, energia de baixo custo ou assistência médica?

Eu já mencionei a Acumen, a organização global sem fins lucrativos que luta contra a pobreza e é dirigida por Jacqueline, minha sócia. A missão da Acumen é investir nesses empreendedores. Seu plano de negócios é inerentemente desafiador. Afinal, ela tenta atender clientes com muito pouco dinheiro que vivam em vilarejos remotos. Os serviços de crédito, marketing e distribuição para esses vilarejos são particularmente complicados, o que significa que investidores dificilmente apoiarão esses empreendedores. Em vez disso, a Acumen utiliza o "capital paciente", nome dado ao dinheiro doado por filantropos dispostos a aguardar o retorno comercial por muito mais tempo do que o normal. Ela também oferece apoio gerencial aos seus empreendedores. Quando dá certo, eles realmente ganham a galinha dos ovos de ouro.

Por exemplo, há mais de quinze anos, eles começaram a investir na d.light, uma empresa que substituía as perigosas lâmpadas de querosene, usadas na iluminação de lugares remotos, por energia solar. Depois de inúmeros contratempos, o investimento de quatro milhões de dólares da Acumen ajudou a criar uma empresa que já levou energia a mais de 150 milhões de pessoas e desempenhou um papel absolutamente essencial na oferta de uma solução autônoma, favorável ao clima, para aqueles que não tinham eletricidade.[8] Isso é menos do que *três centavos* de filantropia por pessoa impactada. E se a Acumen vendesse sua participação na empresa, receberia um retorno significativo sobre seu investimento (que poderia ser direcionado a novos investimentos). Isso é alavancagem.

Governo
Mesmo os maiores orçamentos imagináveis dos filantropos são insignificantes se comparados aos gastos do governo. Poderia então a filantropia alavancar o poder do governo? Sim. Veja o exemplo da organização sem fins lucrativos Code for America. Sua missão é tornar mais amigáveis os sistemas computadorizados do governo voltados para o público. Isso revelou-se um grande negócio. Oitenta programas de benefícios públicos fornecem recursos essenciais de combate à pobreza em todo o país.[9] No entanto, estima-se que sessenta bilhões de dólares em benefícios deixam de ser reivindicados todos os anos. Por quê? Porque solicitá-los pode ser um pesadelo.

Para citar um exemplo típico, o formulário de solicitação de benefícios de assistência alimentar da Califórnia costumava ter 51 páginas com 183 perguntas confusas e só podia ser acessado em um computador.[10] Portanto, se você não tivesse um, teria que ir até a biblioteca da sua cidade — possivelmente a muitos quilômetros de distância — e passar uma hora ou mais tentando entender o que estava sendo solicitado. Era impossível salvar seu progresso, portanto, se algo desse errado, teria que começar tudo de novo. Não é nenhuma surpresa que muitos cidadãos com direito a assistência nunca tenham recebido seus benefícios. Quando o formulário foi reformulado pela Code for America, ele se tornou um aplicativo para celular disponível 24 horas por dia em vários idiomas e com suporte via chat. Foi rapidamente reconhecido como "um dos aplicativos mais fáceis de todos os estados norte-americanos".

Quando a pandemia chegou, a falta de uma rede de proteção ficou evidente à medida que os estacionamentos começaram a se encher de famílias esperando por comida. O Code for America entrou em ação em vários estados.[11] Na Louisiana, por exemplo, eles enviaram mais de quarenta milhões de mensagens de texto para os residentes, compartilhando instruções para o acesso a serviços essenciais. Em Minnesota, eles desenvolveram um aplicativo multifuncional para nove benefícios diferentes de uma rede de proteção cujos dados podiam ser preenchidos em menos de quatorze minutos. Quase duzentas mil pessoas solicitaram benefícios por meio desse aplicativo durante os primeiros seis meses desde o lançamento.

Muitas outras parcerias público-privadas demonstram o poder da liberação de recursos do governo, desde títulos sociais até demonstrações de alto nível da eficácia de um determinado tipo de intervenção. Em cada caso, investimentos filantrópicos na casa dos milhões podem liberar recursos governamentais na casa dos bilhões. Isso é alavancagem.

Mudança estrutural
O objetivo de muitas organizações sem fins lucrativos é mudar a maneira como o mundo funciona. Se você consegue fazer isso, seu impacto pode durar para sempre. Para isso, talvez seja necessária a combinação de muitas das formas de alavancagem listadas anteriormente. Por exemplo, a Last Mile Health está alavancando a educação, a ciência, a tecnologia e o governo. Com o apoio dos sistemas nacionais de saúde, ela treina os agentes comunitários de

saúde de todo o continente africano e os municia com um aplicativo para smartphone.[12] Isso permite que um único profissional, que custa menos de um décimo do que um médico totalmente treinado, forneça cuidados de saúde essenciais a dezenas de comunidades remotas. Mas seu objetivo mais amplo é transformar a forma como pensamos a assistência médica em termos globais. Ela quer provar que é possível treinar um profissional de saúde sem gastar muito, criando milhões de empregos e melhorando a vida de bilhões de pessoas. Se ela consegue transformar seu sucesso em vários países africanos em um movimento global irrefreável, então, uau, isso é alavancagem.

Essa, aliás, é outra possível crítica ao foco original do AE em tentar calcular com precisão o impacto da sua doação. Isso só pode ser feito quando houver uma cadeia causal clara entre você e um resultado. Veja o caso clássico dos mosquiteiros contra a malária. E se, em vez de comprar mosquiteiros, você apoiasse um esforço científico para criar uma vacina contra a malária? Ou uma iniciativa em torno da criação de uma "genética dirigida" que possa eliminar completamente os mosquitos transmissores da doença? Ou investisse na fabricação de mosquiteiros localmente, para que o dinheiro gasto com eles também criasse empregos? Ou apoiasse iniciativas de combate à pobreza que permitissem às pessoas comprar seus próprios mosquiteiros em vez de recebê-los como doações (e assim, talvez os utilizar com mais eficiência). É particularmente complicado comparar o cálculo econômico desses esforços de mudança estrutural, porque existe o risco de eles simplesmente não funcionarem, ou até mesmo de apresentarem consequências terríveis, não intencionais. É difícil estimar esses riscos, mas, se as iniciativas *funcionarem*, é provável que elas representem um uso muito mais eficaz da filantropia, uma vez que elas lidam com as causas subjacentes do problema. Há um debate em curso dentro do AE sobre qual a melhor forma de adotar os esforços de mudança estrutural.

O que nos leva ao maior mecanismo de alavancagem disponível atualmente. Um mecanismo que, por acaso, está disponível para todos os leitores deste livro.

Internet

Como vimos logo no início deste livro, o contágio pode ter um poder ilimitado, e a internet é a sua maior disseminadora. Ela pode amplificar cada uma das alavancas mencionadas anteriormente, conectando professores a alunos, cientistas a tecnólogos, empresários a investidores, ativistas a governos e boas ideias a todas as pessoas. É a internet que fornece ao contágio natural da generosidade o potencial para escala global.

Atualmente, muitas das iniciativas filantrópicas mais poderosas têm na internet o elemento central. Wikipédia, Khan Academy e Coursera disseminam conhecimento por todo o mundo. O Project ECHO facilita o treinamento médico em grande escala pela web. O Patreon permite que milhões de usuários apoiem centenas de milhares de criadores.[13]

E há também a inspiradora história do GivingTuesday. No início do verão de 2012, Henry Timms e Asha Curran trabalhavam em Nova York, em um centro cultural comunitário sem fins lucrativos chamado 92nd Street Y (também conhecido como "o Y"), quando Henry chegou certa manhã com uma ideia peculiar. Nos Estados

Unidos, circula muito dinheiro durante três dias de novembro: o Dia de Ação de Graças (uma quinta-feira), seguido pela Black Friday (o dia em que todos os grandes varejistas realizam promoções para dar início aos gastos de Natal) e, em seguida, a Cyber Monday (uma tentativa de aumentar mais uma vez as vendas on-line). Então, pensou Henry, por que não damos sequência a isso com algo menos comercial, e mais emotivo? Por que não deveria haver um "Giving Tuesday"? Um dia em que as pessoas seriam incentivadas a fazer doações para suas causas favoritas. Asha gostou da ideia e logo começou a planejar uma forma de torná-la realidade.

Eles estabeleceram a ambiciosa meta de lançar a primeira GivingTuesday naquele mesmo ano. O segredo para atingir essa meta seria descobrir uma maneira de incentivar um grupo crescente de apoiadores a espalhar a ideia através da maior câmara de eco do mundo, a internet. Eles entraram em contato com dezenas de figuras influentes do mundo das ONGs e as ofertas de ajuda começaram a pipocar. Um grupo de relações públicas que trabalha para a UN Foundation ofereceu seus serviços *pro bono*. Outros espalharam a notícia em suas redes. Surpreendentemente, dois meses após Asha e Henry terem começado a trabalhar na ideia, mais de 2.500 organizações sem fins lucrativos já haviam se juntado a eles, e a hashtag #GivingTuesday foi ganhando força nas redes sociais.

Asha me disse que a chave para a disseminação da GivingTuesday foi a decisão de serem o mais comedidos o possível quanto às implicações de participar. Ninguém foi cobrado pelo uso da marca, mesmo que ela logo trouxesse contribuições significativas. Em vez disso, as organizações sem fins lucrativos foram incentivadas a serem criativas, usando a #GivingTuesday como hashtag coletiva.

Isso permitiu que dezenas de pequenas iniciativas se espalhassem, e juntas elas criaram uma enorme conscientização. Estima-se que naquele primeiro ano foram arrecadados quinze milhões de dólares para milhares de organizações sem fins lucrativos nos Estados Unidos. Algo bem impressionante para uma iniciativa lançada sem nenhum orçamento de marketing. Mas a notícia se espalhou. Apesar de o Dia de Ação de Graças ser um feriado apenas nos Estados Unidos, organizações de todo o mundo perguntaram como poderiam participar. O projeto se tornou um trabalho de tempo integral para Asha e, alguns anos depois, o Y deu mais um passo visionário ao permitir que a GivingTuesday se tornasse uma organização independente.

Atualmente, centenas de milhares de organizações sem fins lucrativos utilizam a GivingTuesday, e mais de *três bilhões de dólares* foram arrecadados nesse único dia em 2022 — e isso somente nos Estados Unidos.[14]

Isso é que é alavancagem. Os doadores que financiam sete milhões de dólares para apoiar os custos operacionais por ano da GivingTuesday estão catalisando doações quinhentas vezes maiores. E isso é apenas uma parte do impacto da organização.[15] Eles estão criando redes de ativistas e influenciadores em todo o mundo, promovendo a disseminação da generosidade em todas as suas formas, não apenas financeira. No início de 2023, Asha convidou sua equipe a imaginar a manchete que eles gostariam de escrever daqui a cinco anos. O consenso? "Por meio desse movimento, viveremos em um mundo radicalmente mais generoso." Uma bela visão à qual você, leitor, pode aspirar. E tudo começou com uma única hashtag.

Espero que esses capítulos tenham lhe dado esperança. Sob a feia superfície dos acontecimentos mundiais, uma extraordinária profusão de generosidade está em ação de diferentes maneiras. Podemos encontrar coragem nelas, amplificá-las por meio de nossas histórias e permitir que elas inspirem nossos próprios atos de bondade, seja de maneira individual ou junto de outras pessoas.

Passamos a entender que a generosidade está profundamente enraizada em todos nós. Aprendemos que a internet pode facilitar o surgimento de muitas formas de doação e torná-las contagiantes. No restante do livro, vamos ver o que podemos fazer com esse conhecimento. Como seria um mundo onde a generosidade fosse capaz de se expressar de maneira plena?

PARTE III
E se?

*Imaginando um mundo onde a generosidade
tenha conquistado seu lugar de direito*

PART III

10
A INTERNET QUE DESEJAMOS

*E se pudéssemos virar o jogo na divisão criada
pela internet?*

É impossível imaginar uma internet diferente. Aquela com a qual as pessoas sonharam um dia. Uma internet impregnada de um espírito generoso. Uma internet que traz conhecimento, visibilidade e esperança para o planeta.

Mas primeiro precisamos entender o que deu errado. Como a maior invenção da humanidade acabou alimentando alguns de nossos piores instintos e fomentando níveis alarmantes de polarização partidária?

Acho que ninguém tinha essa intenção. Todos os engenheiros e designers de interface das grandes empresas on-line que conheci deixaram claro que só queriam criar coisas legais. Coisas que entusiasmassem as pessoas e chamassem sua atenção. Seus chefes os incentivavam, porque com isso podiam gerar receita publicitária.

Isso significava que todos os grandes serviços digitais poderiam ser oferecidos de graça. O que resultava em um ritmo de crescimento explosivo. E com isso eles poderiam causar um impacto extraordinário no mundo.

Durante as primeiras duas décadas da internet, de 1994 a 2013, era possível ver tudo isso com enorme otimismo. Pela primeira vez na história, o planeta inteiro tinha acesso gratuito a todo o conhecimento humano, que podia ser acessado por meio de pesquisas instantâneas. Pela primeira vez, as pessoas puderam se conectar e descobrir comunidades nichadas, que contemplavam todos os hobbies e todas as paixões imagináveis. Os laços de empatia poderiam se estender para além das fronteiras terrestres. Em julho de 1997, a revista *Wired* publicou a matéria de capa extremamente influente "The Long Boom" [O grande boom], argumentando que talvez estivéssemos entrando em uma era de crescimento global sem precedentes. "Estamos diante de 25 anos de prosperidade, liberdade e um ambiente melhor para o mundo todo."[1]

Naquela época, eu sem dúvida era um otimista. Em 2010, apresentei um TED Talk sobre como o YouTube havia se tornado a grande plataforma de educação do mundo e possibilitado um processo que chamei de "aceleração em massa do aprendizado".[2] De uma hora para outra, todos podiam ser professores e todos podiam ser alunos.

E eu não estava sozinho. Durante a Primavera Árabe, de 2010 a 2012, o Oriente e o Ocidente se conectaram digitalmente como nunca. Em nossas viagens, Jacqueline e eu ficamos maravilhados com o fato de que mesmo aqueles que viviam nos cantos mais remotos do planeta tivessem Facebook e acesso a uma rede global de amigos. Parecia mesmo que a internet estava ajudando a unir o mundo.

Uma década de desalento e decepção

Em 2011, as rachaduras começavam a aparecer. A Primavera Árabe já estava perdendo força. Surgiram relatos de vários países sobre como o governo estava usando a internet para rastrear e controlar seus cidadãos. E as grandes plataformas de tecnologia começavam a exibir um comportamento preocupante. Nos anos seguintes, as notícias pareciam piorar. Do meu assento privilegiado no TED, observei, ano após ano, convidados de destaque virem apresentar palestras com temas cada vez mais alarmantes.

Em março de 2011, o ativista e empresário Eli Pariser compareceu à conferência e compartilhou sua preocupação com os filtros de bolha — uma tendência crescente dos mecanismos de pesquisa e das redes sociais de direcionar as pessoas para grupos com mentalidade semelhante. Na plateia estava um dos primeiros investidores do Facebook, Roger McNamee. Roger ficou incomodado com a palestra de Pariser e começou a levar alguns questionamentos à liderança do Facebook. Como não obteve respostas satisfatórias, ele se tornou um crítico declarado das empresas de mídia social, acusando o Facebook e o YouTube de adotar estratégias que geram dependência com o intuito de aumentar sua receita com anúncios, sem levar em consideração as possíveis consequências à saúde pública e à democracia.[3]

No TED2014, Edward Snowden apareceu através de uma tela de robô de telepresença revelando detalhes chocantes sobre os esforços da NSA para monitorar clandestinamente ligações telefônicas e a atividade on-line das pessoas.

Um ano depois, Nick Bostrom, filósofo conhecido por seu trabalho com "superinteligência", alertou que a IA poderia ter consequências devastadoras à humanidade, incluindo sua destruição, uma mensagem que foi amplificada por Sam Harris no ano seguinte.[4] Caso isso parecesse uma ameaça de um futuro distante, algumas pessoas começaram a argumentar que a IA já estava causando estragos por meio de sua influência nas redes sociais.

Em 2016, o psicólogo social Jonathan Haidt me disse em entrevista que as redes sociais estavam estimulando não apenas a raiva entre a direita e a esquerda, mas algo ainda mais forte e perigoso: a aversão.

Enquanto isso, no Google, Tristan Harris, designer que se tornou especialista em ética tecnológica, estava profundamente preocupado com a maneira como os algoritmos das empresas de tecnologia poderiam usar os dados pessoais de cada indivíduo para prender cada vez mais a atenção deles. No TED, em 2017, ele disse:

> Imagine que você está entrando em uma sala de controle com cem pessoas debruçadas sobre uma mesa com pequenos mostradores, e que essa sala de controle molda os pensamentos e os sentimentos de um bilhão de pessoas. Pode parecer ficção científica, mas isso já existe.[5]

No ano seguinte do TED, o visionário da tecnologia Jaron Lanier, conhecido por seu trabalho pioneiro em realidade virtual, argumentou que esse problema era uma consequência inevitável de um modelo de negócios impulsionado pela publicidade, que exigia cada vez mais esforços para conquistar a atenção dos usuários.[6] "Não posso mais chamar essas coisas de redes sociais. Eu as chamo de impérios de modificação de comportamento."

E, em 2019, a jornalista Carole Cadwalladr chocou a conferência com sua alegação apaixonada de que a disposição do Facebook em aceitar anúncios políticos enganosos, direcionados para uma maior eficácia, pode ter sido decisiva tanto no Brexit quanto na eleição presidencial norte-americana de 2016.[7]

Desde então, as notícias só pioraram. Vimos estudos ligando o uso das redes sociais ao declínio da saúde mental e pessoas acusando as plataformas de ocultar postagens. Sabemos que eleições em todo o mundo foram manipuladas por agentes mal-intencionados. Memes do TikTok causaram o caos nas escolas. E governos têm utilizado essas plataformas como armas, estimulando comportamentos cruéis contra minorias. Infelizmente, essa é apenas a ponta do iceberg.

Aqui, na metade dessa década desanimadora, nos encontramos em uma situação curiosa. Por um lado, somos cada vez mais dependentes das big techs. Todos os dias, consultamos o Google nove bilhões de vezes, compartilhamos bilhões e bilhões de pensamentos nas redes e trocamos mensagens cem bilhões de vezes no WhatsApp.[8] Nosso uso de serviços de IA cresce a uma velocidade sem precedentes. Mas, ao mesmo tempo, estamos no auge da conscientização sobre as armadilhas das big techs. A desaprovação das grandes empresas tornou-se generalizada. São monopólios perversos, voltados para o capitalismo de vigilância e sem compromisso com a verdade. Elas precisam ser regulamentadas e desmembradas. Alguma vez um número tão pequeno de empresas foi tão importante assim para tantas pessoas, e ainda assim amado por tão poucas?

O que devemos fazer, então? Acredito que consertar a internet deve ser uma das prioridades da humanidade. Até que tenhamos feito isso, todos os outros problemas serão difíceis de resolver. A civilização humana depende da confiança e da cooperação. No momento, a web contribui mais para a erosão dessa confiança do que para sua construção.

No entanto, eu sigo convencido de que essa erosão não é o destino da internet a longo prazo. Já resolvemos problemas muito maiores que esse, e acredito que exista um caminho para uma internet que podemos amar.

Mas, primeiro, vamos entender o problema de uma forma um pouco mais aprofundada. Quero me concentrar nas redes sociais, porque essas plataformas estão no centro do que deu errado.

Como a situação ficou tão ruim?

O problema fundamental por trás da destruição da confiança que temos testemunhado é que as plataformas de rede social foram erguidas em uma compreensão perigosamente ingênua da natureza humana. Na crença de que, para se criar algo de que as pessoas gostassem, tudo o que precisávamos fazer era otimizar as "preferências do usuário". O problema é que o impacto de nossas preferências depende radicalmente de qual parte nossa está ativa.

Lembra da distinção que fiz no Capítulo 4 entre o eu reflexivo e o eu instintivo (que às vezes chamo de "cérebro reptiliano")? Em poucas palavras, aqui está o problema: *as redes sociais valorizam o eu instintivo em detrimento do eu reflexivo.*

É possível ver isso de maneira mais clara na prática crescente do *doomscrolling*, um comportamento típico do cérebro reptiliano ao qual os usuários das redes sociais tanto se entregam quanto se ressentem dele. É a prática de rolar a tela de forma irracional, alimentada por um suprimento infinito de recompensas viciantes. Um relatório chocante no Reino Unido, de 2022, estimou que um usuário médio de redes sociais rola o equivalente a cinco mil telas de smartphone todos os dias — isso é três vezes a altura da Torre Eiffel![9] Isso faz com que tudo o que está visível nessa rolagem seja acelerado, incentivando conteúdos cada vez mais curtos, do TikTok aos reels do Instagram e aos shorts do YouTube. É uma corrida para o fundo do poço que se torna mais rápida a cada passo.

É impossível refletir a essa velocidade.

A maioria das pessoas não quer que sua visão de mundo seja moldada por julgamentos precipitado, mas quando essas postagens e vídeos instigantes, agressivos e sarcásticos passam por você, é difícil não prestar atenção e sentir sua indignação acender. Seu cérebro reptiliano assume o controle. E ao digitar e enviar sua resposta, você está incentivando o algoritmo a compartilhar o mesmo conteúdo com outras pessoas. Essa é uma receita para uma espiral descendente, que leva à disfunção e ao perigo.

O que fazer? Bem, em primeiro lugar é válido reconhecer que muitas pessoas podem, de forma razoável, chegar à conclusão de que a tarefa é impossível. A combinação de agentes mal-intencionados e pressões comerciais para explorar a fragilidade humana torna tudo muito difícil. Também é certo que, independentemente do progresso que fizermos, a internet sempre vai permitir comportamentos problemáticos em algumas partes de seu vasto território.

Mas desistir disso equivale a desistir de qualquer possibilidade de um futuro bom. A internet molda muito do que somos, e simplesmente não podemos nos dar ao luxo de deixá-la em seu estado atual. E existe o argumento de que a tarefa não é tão assustadora quanto parece. Não é como se tudo estivesse perdido. O mundo on-line contém recursos incríveis e, mesmo hoje, pode ser extremamente benéfico de inúmeras maneiras para cada um de nós. O principal problema tem sido as redes sociais e, mesmo assim, milhões de pessoas descobriram como encontrar alegria no tempo que passam nas redes, em vez de estimularem sua própria indignação.

Portanto, convido você a suspender o ceticismo por um momento e refletir comigo sobre o que podemos fazer para virar o jogo. Isso será dividido em duas partes: o que nós, como usuários de redes sociais, podemos fazer a respeito, e o que as próprias empresas de rede social devem fazer.

O que podemos fazer

Em todas as esferas de nossa vida, o antídoto para não sermos dominados por nossos instintos é cultivar hábitos saudáveis. A bibliografia inclui aplicativos e outras ferramentas criadas para nos ajudar a limitar de maneira sensata nosso tempo de tela e avaliar se estamos satisfeitos com nossa relação com a internet.

Mas a melhor medida que cada um de nós pode tomar para virar esse jogo é adotar um superpoder interno que transformará não apenas nossa própria experiência on-line, mas também a dos outros: uma *mentalidade de generosidade*. Isso requer vontade de desempenhar um papel construtivo. Em vez da passividade do "O que a internet pode me dar?", a intencionalidade do "O que eu posso dar à internet?". Você pode ser apenas um entre bilhões de usuários, mas pode fazer a diferença.

Estabelecer um modelo de comportamento generoso
É difícil, mas não impossível. Se você já teve sucesso em alguma dieta, se comprometeu a seguir uma rotina matinal ou cumpriu uma resolução de ano-novo, você está à altura da tarefa. Pode ser algo tão simples quanto qualquer um dos itens a seguir:

- Procure de forma ativa histórias de bondade humana entre as pessoas ao seu redor, compartilhe-as e incentive os outros a fazer o mesmo.
- Amplifique a inspiração, as possibilidades e as soluções, em vez de zombar e desdenhar.
- Saia da bolha seguindo pessoas fora de sua tribo e interagindo com elas de forma respeitosa.
- Reserve um tempo para agradecer àqueles que fizeram alguma coisa que você apreciou.
- Celebre aqueles que estão sendo criativos ou corajosos.
- Defenda quem precisa de apoio moral.
- Quando alguém for maldoso com você na internet, responda de maneira elegante.
- Pense em mudar para espaços on-line organizados em torno de comunidades menores e que tenham propósito (como os "amigos próximos" do Instagram). Pensadores

como Eli Pariser acreditam que o público em larga escala das redes sociais é uma grande parte do problema.

- Em todos os grupos que você criar, publique regras coletivas relacionadas a uma comunicação cuidadosa, clara e solidária — e dê o exemplo!
- Pegue algo que seja significativo para você — escrita, fotografia, arte, software, música ou vídeo — e ofereça gratuitamente. Você pode se surpreender com a resposta.
- Considere apoiar financeiramente sites que tentam amplificar a positividade. Até que esse movimento ganhe força, eles podem precisar de doações para sobreviver.

Todas essas ações terão efeitos indiretos. Sim, as redes sociais podem turbinar a generosidade. Mas, da mesma forma, a generosidade pode transformar as redes sociais. Em vez de uma multidão assustadora formada por estranhos, a generosidade pode — de forma lenta, mas segura — nos conduzir a um lugar mais saudável.

Unir forças
Se um número suficiente de pessoas levar seu lado mais generoso para a internet, é possível imaginar uma mudança gradual nas normas virtuais. Quando o cinismo e a agressividade são a regra, ser gentil é quase embaraçoso. Mas, à medida que mais pessoas adotarem uma mentalidade generosa, a hostilidade vai se tornar a exceção, uma receita garantida para ser ignorado na internet, e não celebrado.

Eu sei, eu sei. Isso não vai acontecer da noite para o dia. Mas há medidas específicas que podemos tomar agora mesmo para criarmos uma causa comum e ajudar a consertar o que não está funcionando. Por exemplo, todas as principais empresas de rede social prometem a remoção de conteúdo que se qualifica como discurso de ódio, cyberbullying ou assédio, e construíram ferramentas que nos permitem sinalizar conteúdos problemáticos. Devemos fazer uso dessas ferramentas. No Instagram, no YouTube, no Facebook e no X, para denunciar ou sinalizar conteúdo de ódio ou abusivo basta selecionar o conteúdo em questão, clicar em "denunciar" e preencher um breve questionário.

Na batalha específica contra o discurso de ódio direcionado às minorias, é possível ir além e se engajar em um discurso eficaz e coordenado *contra* o ódio. De acordo com pesquisadores da George Washington University, uma quantidade significativa desse conteúdo vem de redes de contas coordenadas que eles chamam de "*clusters* de ódio".[10] Uma maneira poderosa de desestabilizá-los é formar "*clusters* antiódio" — mais eficazes do que os esforços paliativos das plataformas para banir grupos e contas específicos.

O pesquisador de discursos de ódio on-line Matthew Williams, diretor do think tank HateLab, descreveu como isso pode acontecer. Após a votação do Brexit no Reino Unido, quando as hashtags #MakeBritainWhiteAgain [Torne a Grã-Bretanha branca novamente], #SendThemHome [Mande-os para casa] e #IslamIsTheProblem [O Islã é o problema] começaram a ganhar força, um grande número de usuários de rede social com mentalidade positiva conseguiu abafá-las com hashtags inclusivas, como #InTogether e #SafetyPin.[11] O HateLab descobriu que, ao agirem rápido, os "socorristas" da internet são capazes de limitar a disseminação do ódio on-line de maneira significativa, estabelecendo normas que tornam o discurso de ódio socialmente inaceitável.

Aqui estão algumas das diretrizes do HateLab:[12]

- Evitar usar insultos ou discurso de ódio.
- Usar argumentos lógicos e consistentes.
- Exigir provas se afirmações falsas ou suspeitas forem feitas.
- Se a conta for provavelmente falsa ou um *bot*, entrar em contato com a empresa e pedir que seja removida.
- Encorajar outras pessoas a participar do contradiscurso.

Pessoas determinadas e dispostas a dedicar um tempo extra para agir em nome do bem comum podem causar um enorme impacto. E se essa abordagem fosse ampliada para um sistema de moderação pública mais abrangente e eficaz das redes sociais?

A Wikipédia é um exemplo nesse sentido. Ela conquistou a confiança da maioria das pessoas com sínteses honestas e imparciais do conhecimento em uma enorme variedade de tópicos. Ela surgiu há vinte anos como uma organização sem fins lucrativos, alimentada por um grande número de voluntários e doações, e tem desempenhado um papel fundamental na internet desde então. É possível imaginar um esforço semelhante — embora ainda maior — por parte dos usuários para classificar milhões de perfis em relação ao seu grau de extremismo, se divulgam informações falsas ou se atuam de fato como fonte de informações de valor. O novo recurso do X, chamado notas da comunidade, é promissor nesse sentido. Ele permite que os tuiteiros alertem outras pessoas sobre problemas em relação a uma determinada postagem e, muitas vezes, pode ser implantado antes que uma publicação enganosa viralize.

Mesmo que as pessoas tenham opiniões totalmente divergentes sobre o que tem valor e o que é perigoso, a criação de um sistema que envolva avaliações reflexivas em vez de convocar os instintos primitivos dos usuários interromperia a espiral destrutiva na qual parecemos estar presos. Com essas classificações disponíveis em domínio público, os algoritmos das redes sociais não teriam desculpa para não as usar. Se as plataformas concordassem em alimentar seus algoritmos com essa orientação independente, criada pela colaboração, isso poderia mudar o jogo. Portanto, vejo aqui uma grande oportunidade para que filantropos visionários unam forças com os usuários para ajudar a restabelecer a confiança na internet, tornando-a um espaço público saudável.

O que as redes sociais podem fazer

Não sou contra a regulamentação da internet, mas isso pode levar muito tempo para acontecer. E mesmo quando acontece, há um histórico sofrido de regulamentações bem-intencionadas que não conseguem resolver o problema principal ou abrem a porta para novos problemas. Uma maneira mais rápida e eficaz de avançar seria fazer com que as empresas de redes sociais façam uma faxina, e elas têm muitos motivos para fazer isso.

Do meu ponto de vista, conforme descrito antes, o que aconteceu não foi uma grande conspiração; e sim uma grande confusão. A ideia original das redes sociais era criar maneiras empolgantes de conectar as pessoas. Digo isso porque tive contato com alguns dos principais envolvidos e conheci tantos outros dentro dessas empresas. Eles vieram ao TED. Falaram com paixão sobre seu trabalho e o que esperavam que ele alcançasse. Não eram pessoas más. O grande erro deles foi não levar em conta o que aconteceria quando lançassem os algoritmos visando prender a atenção das pessoas pelo maior tempo possível. Esses algoritmos acabaram criando uma máquina de indignação, o maior exemplo até agora de uma IA fora de controle, causando danos não intencionais.

Agora, é verdade que essa máquina de indignação tem funcionado bem para atrair receita publicitária e, com isso, lucros gigantescos. E isso significa que há incentivos comerciais consideráveis para que ela não seja desmantelada. Não há dúvida de que esses incentivos desmotivaram significativamente essas empresas de redes sociais a resolver o problema.

Mas nas empresas modernas há forças contrárias que as pressionam a agir em prol do bem público. Com base em centenas de conversas pessoais, posso afirmar que funcionários das big techs, também conhecidos como as pessoas que criam todo o valor, não querem trabalhar para alguém que prejudica o mundo. Alguns deles podem se desgastar profissionalmente com o passar do tempo, ou não conseguir fazer com que sua voz seja ouvida, mas, coletivamente, eles têm um poder considerável. Pense nessas empresas como entidades envolvidas em um constante dilema sobre qual o melhor caminho a seguir. A pressão do público e de um número crescente de investidores com visão de longo prazo também influencia. Se houvesse um *caminho definido* para resolver essa questão, mesmo às custas da lucratividade no curto prazo, acredito que as empresas começariam a segui-lo.

Já houve muitos casos em que as empresas de tecnologia se dispuseram a fazer tal concessão. O Facebook, por exemplo, tomou medidas como a contratação de mais de dez mil moderadores de conteúdo e a tentativa de ajustar seu algoritmo para fazer mais do que apenas prender sua atenção, mesmo sabendo que isso reduziria a lucratividade. Depois de um desses anúncios, em julho de 2018, o valor da empresa despencou 25%.[13] Embora essas medidas não tenham sido suficientes, foram passos na direção certa.

Mas para onde vamos a partir de agora? O que você vai ler a seguir é minha tentativa de contribuir para o debate crucial sobre como seria esse caminho. É um debate complexo, já que um sistema em escala global, com literalmente bilhões de seres humanos influenciando uns aos outros, é uma máquina supercomplexa. Há várias pessoas trabalhando nisso, incluindo os palestrantes mencionados anteriormente e heróis nas próprias empresas de rede social.

O que eu gostaria de pedir é que você se concentrasse nesta questão fundamental: *como as plataformas de rede social podem devolver o poder ao eu reflexivo que há em nós em vez de explorar o eu instintivo?*

Se elas conseguirem realizar essa mudança, será um passo em direção à resolução do problema. Quatro ações específicas podem ajudar.

1. Priorizar de maneira pública a satisfação do usuário em vez do tempo de visualização

Tudo depende disso. Se as plataformas estiverem submetidas a metas de curto prazo, baseadas em receita de anúncios, elas não vão fazer o que é preciso. Mas essa estratégia tem gerado uma perda de confiança e um ceticismo generalizado na internet. As plataformas que começarem a priorizar de verdade o bem-estar do usuário vão acabar levando a melhor.

Acredito que a maré esteja mudando. Um momento de esperança durante a caótica aquisição do Twitter (agora chamado de X) por Elon Musk se deu quando ele publicou o seguinte: "O novo Twitter se esforçará para otimizar os minutos de usuário sem arrependimento".[14] Isso é importante, pois o arrependimento é uma função da mente reflexiva, não do cérebro reptiliano. Se houvesse um esforço sério em direcionar as pessoas para um conteúdo que não causasse arrependimento, isso poderia precipitar uma mudança fundamental no impacto do Twitter/X.

Para provar que está levando a coisa a sério, Musk precisaria instituir uma forma de medir os minutos de uso sem arrependimento, talvez na forma de pesquisas regulares com um usuário aleatório em cada mil, depois de um tempo de permanência on-line. "Como você classificaria sua experiência hoje? O que a tornou boa? O que a tornou ruim?"

O compromisso de fazer o que for necessário para aumentar essa classificação, mesmo às custas dos minutos totais gastos on-line, poderia aumentar, e não diminuir, a receita publicitária, pois criaria um site ao qual mais anunciantes gostariam de estar associados. No entanto, os críticos de Elon Musk argumentariam que ele próprio é responsável por alguns dos minutos com mais arrependimento da plataforma, graças a sua tendência de tuitar sobre assuntos políticos de forma agressiva e ofensiva. Até o momento em que este livro foi para a gráfica, o debate sobre o futuro do X ainda estava em aberto.

2. Acabar com o anonimato

Como Jonathan Haidt e outros demonstraram, as pessoas revelam o pior de si quando podem atacar os outros por trás de um escudo de anonimato. Quando sua reputação no mundo real está em risco, elas agem com mais cuidado. No Capítulo 2, argumentei que a adoção de uma política de transparência é uma parte essencial de como a internet pode estimular comportamentos generosos. Eu realmente acredito que ela desempenhou um papel crucial no surpreendente crescimento do Facebook, no início, quando ele conquistou seu primeiro milhão de usuários em apenas um ano e mais seis milhões nos dois anos seguintes. Esse crescimento ocorreu não a despeito de a plataforma ser fechada ao público em geral, mas provavelmente também por causa disso. Naquela época, cada perfil era vinculado a um endereço de e-mail de uma instituição de ensino, o que de certa forma validava a identidade dos participantes. As pessoas eram responsáveis por sua reputação na vida real e, de repente, podiam fortalecê-la de uma maneira inédita. Mas, à medida que esse recurso foi sendo abandonado, e não havendo mais uma reputação real a ser mantida, Joe Bloggs virou o User94843 e se disfarçou de troll em direção a esse futuro mais tóxico.

Trazer de volta essa dinâmica social, exigindo que os usuários provem quem são, talvez seja o maior passo que as big techs podem dar para promover um ambiente com redes *sociais* de verdade. Existem, sem dúvidas, casos em que pessoas vivendo sob regimes repressivos precisam usar a internet de forma anônima, mas o uso convencional das redes sociais não deveria permitir o anonimato.

3. Comprometa-se com um design de produto que estimule o comportamento reflexivo

Mudanças simples podem fazer uma grande diferença. Aqui estão quatro sugestões:

 i) *Inclua pausas para reflexão.* As empresas de tecnologia querem, instintivamente, manter seus usuários engajados de maneira contínua para que eles não saiam do site. Em vez disso, elas deveriam insistir em pausas ocasionais. Todos nós já fomos aconselhados a contar até dez antes de agir quando estamos com raiva. Esse é o tempo necessário para que nosso cérebro reptiliano enfurecido saia de cena. Na China, o governo exige que a Douyin — empresa irmã do TikTok — limite seu tempo de uso entre os jovens chineses a apenas quarenta minutos diários.[15] E o próprio TikTok exibe um vídeo para usuários que, segundo a plataforma, estão navegando há muito tempo e precisam fazer uma pausa. Já é um começo.

 ii) *Faça perguntas bem elaboradas.* Se conseguir despertar a curiosidade de alguém, você fará com que a mente reflexiva seja utilizada. Portanto, em vez de apenas observar o comportamento ou contar curtidas, faça perguntas aos usuários. Este tempo que passou aqui está funcionando para você? Qual foi a publicação mais interessante que você viu? Alguma coisa deixou você irritado ou estressado? Que tipo de publicação gostaria de ver com mais frequência? Tradicionalmente, os feedbacks são voltados para respostas simples do tipo sim/não ou avaliações numéricas, mas o uso cada vez maior da IA deve possibilitar que as plataformas coletem, sintetizem e assimilem um feedback muito mais detalhado.

III) *Incentive a comunicação por voz.* Redigir pequenas mensagens de texto é uma inovação moderna. É eficiente, mas pode facilmente tornar quem as escreve impessoal. A voz humana é parte de um sistema biológico de centenas de milhares de anos. Ela se conecta com muito mais facilidade com a empatia e a reflexão. Na internet de banda larga atual, devemos saudar iniciativas de mudança que envolvem o uso de mais fala e menos texto. Por exemplo, no X Spaces, onde os usuários *falam* uns com os outros, o ambiente parece muito menos propenso à hostilidade do que o restante do X.

IV) *Treine as IAs para amplificar mentalidades generosas.* Há muitas coisa incríveis na internet, mas elas correm o risco de serem abafadas por toda a toxicidade. O bem não precisa ser entediante. Em princípio, as mudanças no algoritmo poderiam reduzir os conteúdos desagregadores e amplificar aqueles que oferecem sacadas cativantes de forma gratuita, achados raros de conhecimento ou outros presentes, como entusiasmo, imaginação, coragem, risadas, histórias, paixão, visão. Se você é cuidadoso na escolha de quem costuma seguir, já consegue criar essa experiência no Instagram, no TikTok, no X e em outros lugares. O poder cada vez maior da IA deve ser capaz de fazer algo semelhante. Essa mudança transformaria a forma como as pessoas vivenciam a internet e, consequentemente, como contribuem para ela.

O poder surpreendente dos grandes modelos de linguagem da OpenAI, conhecidos como GPT, demonstrou que a IA é capaz de avaliar a linguagem humana de uma forma surpreendentemente sutil. Por exemplo, logo após o relançamento do ChatGPT, perguntei ao sistema qual desses dois tweets era mais perigoso:

Tweet 1: "Aqui está o endereço residencial da parlamentar Fulana de Tal. Rua Principal, nº 12, apartamento B. Vocês sabem o que fazer."

Tweet 2: "Eu realmente odeio tudo o que Fulana de Tal representa. Vamos organizar um protesto contra ela na terça-feira."

A resposta imediata:

Eu classificaria o primeiro tuíte como ameaçador porque ele menciona especificamente o endereço residencial de uma parlamentar e sugere que o leitor deva tomar algum tipo de ação contra ela. Esse tipo de linguagem poderia ser interpretado como uma ameaça direta à segurança da parlamentar e causar danos no mundo real. Em contrapartida, o segundo tuíte não contém nenhuma ameaça direta ou linguagem nociva.

> *Embora expresse discordância com a parlamentar, ele não defende nenhuma ação específica contra ela. Sendo assim, eu não o consideraria ameaçador.*

Apesar da linguagem deliberadamente agressiva do segundo tweet, a IA acertou. Devemos nos sentir confortáveis com o debate político apaixonado, mas estabelecer limites em relação ao *doxing*.* Isso me sugere que, com o treinamento certo, a IA poderia ser implantada para detectar publicações perigosas nas redes sociais assim que elas aparecerem — e antes mesmo de serem compartilhadas. Essa é a primeira vez em que é possível imaginar um sistema de moderação capaz de se adaptar em tempo real ao incrível volume de conteúdo sendo postado. Os mais céticos poderiam dizer que é ingenuidade esperar que a tecnologia resolva um problema ético, mas estariam subestimando o poder dos novos modelos de IA. A próxima fase da IA poderia — quem sabe — contribuir para reverter os erros que cometemos com as redes sociais.

Claro que a IA também pode estar prestes a trazer consigo toda uma nova leva de problemas. E, mesmo nesse caso, o argumento central deste capítulo — de que precisamos que nossas invenções fortaleçam o eu *reflexivo* — não é descartável. Há um longo debate entre os pesquisadores de IA sobre como incorporar valores humanos aos futuros algoritmos de IA de maneira efetiva. Um dos argumentos mais convincentes vem do pioneiro da IA Stuart Russell, que acredita que *nunca* conseguiremos definir completamente nossos valores sem o risco de sofrermos consequências terríveis e

---

* Ato de expor na internet informações pessoais de indivíduos ou organizações sem a devida autorização. (N. T.)

inesperadas.[16] Ele argumenta que as IAs futuras devem, portanto, ser construídas com alguma incerteza humilde, e uma disposição para aprender cada vez mais e de forma contínua sobre as preferências humanas. Mas, para que isso funcione, é essencial que a metodologia das IAs explore nossa mente reflexiva, sem se limitar apenas a receber pistas de nosso cérebro reptiliano.

O grande escritor de ficção científica Isaac Asimov criou as três leis da robótica, projetadas para evitar que os robôs causassem danos aos seres humanos. Com o desenvolvimento da IA, é bem possível que precisemos de um novo conjunto de regras consensuais. Eu voto em uma que diga: "Ao aprender os valores humanos, uma IA não pode tirar conclusões apenas a partir da observação do comportamento humano, deve também se basear nas escolhas reflexivas dos seres humanos". Em outras palavras, não podemos transmitir nossos valores pedindo que ela observe o que fazemos. O que fazemos geralmente é feio. Devemos fazer isso pedindo que ela nos peça para refletir primeiro.

Vale a pena frisar que muitas plataformas on-line já desempenham um papel saudável. O Meetup.com, por exemplo, tem um ótimo histórico de estímulo a atividades sociais divertidas e criação de comunidades não tóxicas. O Reddit — embora contenha algumas subcomunidades polêmicas — tem sido elogiado por sua moderação pública. Postagens provocadoras e informações falsas tendem a receber muitos "votos negativos", o que diminui a probabilidade de gerarem engajamento.

Há várias outras iniciativas em andamento, tanto dentro quanto fora das grandes empresas, que visam recuperar uma internet capaz de moldar o curso da história e colocá-lo na direção certa. À medida que um consenso sobre o melhor caminho a seguir começar a surgir, tenho esperança de que essas empresas se esforcem mais para consertar aquilo que, acredito eu, nunca tiveram a intenção de quebrar.

Mas o papel mais importante caberá a nós. A todos nós. Se você fizer a sua parte, não apenas seu tempo na internet passará a ser mais saudável e feliz, como também ajudará a todos os outros. Tudo o que você faz on-line influencia os outros. Se vamos recuperar a internet, a generosidade contagiante será nossa ferramenta mais poderosa.

Aqui está um último exemplo de como isso pode acontecer. Há alguns anos, havia uma trend popular no TikTok com vídeos de alimentos sendo desperdiçados: quantidades gigantescas de calda, ketchup, molho de macarrão e manteiga de amendoim sendo despejadas em pratos apenas para chocar.

Um jovem de 22 anos chamado Milad Mirg sentiu-se enojado com esses vídeos. Ele trabalhava na lanchonete dos pais e passava horas como voluntário levando alimentação básica para pessoas nas ruas. Por isso, decidiu fazer um vídeo alternativo. Ele transformou grandes quantidades de manteiga de amendoim, pão e geleia em cem sanduíches, os embrulhou e os distribuiu àqueles que precisavam. Tudo foi feito com tanto charme, carinho e respeito pelas pessoas a quem ele doou que seu vídeo viralizou. Muito. Foi visto 400 milhões de vezes, muito mais do que os vídeos de desperdício. E ele seguiu com muitos outros, tornando-se um poderoso influenciador no TikTok e no YouTube. Além disso, alguns dos criadores dos vídeos de despejo de comida mudaram de rumo e passaram a imitar Milad.

Milad me disse que há um potencial ilimitado na internet para que os atos de bondade sejam amplificados. "Qualquer coisa que provoque resposta emocional pode viralizar", ele disse. "É claro que é muito mais fácil provocar emoções por meio de alguma coisa maldosa ou desagradável. Até mesmo um rápido tapa na cara é capaz de provocar isso. Fazer algo bom exige muito mais reflexão e esforço, mas se você tiver disposição para fazer o necessário, o efeito pode ser ainda maior. E tem outra coisa importante. As coisas boas duram muito mais. Você pode ser um idiota que se diverte sendo famoso por um dia, ou pode fazer algo que importa e ser lembrado para sempre."

A história de Milad vai fazer você passar a acreditar que há uma geração inteira pronta para uma internet que busca extrair o que há de melhor em nós.

Podemos virar esse jogo.

11

A BRILHANTE MEDIDA QUE AS EMPRESAS PODERIAM ADOTAR

E se as empresas do futuro fossem generosas?

Grande parte de nossa vida é moldada por ações de empresas. E muitas dessas ações se tornaram motivos de ressentimento. Monopólio e aumento abusivo dos preços. Lobby político e acordos secretos. Margens de lucro cada vez maiores para altos executivos e acionistas. Exploração de cadeias de suprimentos questionáveis. Roubo de dados. Manipulação algorítmica. Vigilância. E, talvez o pior de tudo, a emissão incessante de gases de efeito estufa, ameaçando o futuro de todos.

Muitos millennials e jovens da geração Z criticam com dureza o capitalismo. Eles gostariam de ver o sistema todo de cabeça para baixo.

O que geralmente fica de fora dessa conversa é o fato de que uma grande porcentagem das coisas que deram prazer a você essa semana aconteceu por causa de uma empresa. Você ligou para um ente querido? Assistiu uma série que adora? Comeu um prato gostoso? Entrou em casa e ajustou o ar na temperatura que acha confortável? Pôs seu tênis favorito? Leu um livro? Ouviu um podcast? Viajou para o interior?

Cada uma dessas experiências foi possível graças a alguma coisa que as empresas fizeram: pesquisa, invenção, lançamento e distribuição de produtos e serviços. E toda empresa é formada por pessoas, e a maioria delas gosta de pensar que está contribuindo com algo positivo para o mundo.

A pergunta construtiva a ser feita, portanto, é como incentivar as empresas a se livrarem do ressentimento que causaram em tantas pessoas e, ao mesmo tempo, contribuir mais para o futuro. E a boa notícia é que... isso é totalmente possível de se imaginar.

A era da pura ganância está em declínio
Durante décadas, os economistas neoliberais argumentaram que o livre mercado é capaz de oferecer todo o progresso de que precisamos, um argumento expresso de maneira emblemática no filme *Wall Street*, no qual o banqueiro de investimentos Gordon Gekko proclama: "Ganância é bom". Ele defendia que o capitalismo puro podia tornar o mundo melhor por meio da produtividade das pessoas que trabalham em seu próprio interesse para construir coisas que os outros desejam e pelas quais estão dispostos a pagar. Ele era assustador. Mas também tinha alguma razão. Às vezes, a maximização dos lucros é do interesse de todos. E qualquer historiador imparcial confirmaria que o capitalismo desempenhou um papel importante no mundo, disseminando ideias e riqueza.

Mas esses mesmos historiadores também teriam que admitir que o capitalismo pode facilmente se tornar abusivo e prejudicial. Para milhões e milhões de pessoas, parece que estamos vivendo agora esse momento. Os combustíveis fósseis estão sufocando nosso planeta. A tecnologia está nos aterrorizando. A desigualdade está atingindo níveis alarmantes. Precisamos ter esperança em um futuro em que possamos, de alguma forma, substituir esse capitalismo baseado apenas na ganância por algo mais sutil, que leve em conta o bem público.

Os oponentes do capitalismo irrestrito vêm lutando por essa causa há décadas, e vejo vários sinais de que o jogo está começando a virar a favor deles. Eles estão sendo apoiados pela espetacular mudança de valores das últimas décadas, do físico para o intangível. As empresas enriqueciam a partir, sobretudo, de uma infraestrutura física: fábricas, minas, frotas de caminhões e assim por diante. Hoje, elas enriquecem principalmente com ativos intangíveis: softwares, serviços e todo tipo de trabalho baseado em conhecimento. Portanto, criam valor não por causa da maquinaria ou da extração de recursos, mas por causa da nossa imaginação. E isso significa que elas não serão bem-sucedidas a menos que consigam recrutar e motivar nossa imaginação.

E sabe o que mais? É cada vez mais frequente que a imaginação humana não esteja disposta a trabalhar para empresas que não tenham uma missão inspiradora e/ou não se comportem de forma responsável. E mais, os clientes e investidores estão em busca desses mesmos valores.

Até mesmo empresas que *obtêm* a maior parte de seu valor de ativos físicos fazem parte dessa tendência, porque geralmente a chave para uma vantagem em uma corrida é aproveitar as ferramentas não materiais da economia moderna, incluindo softwares, IA, engenharia de infraestrutura, pesquisa e desenvolvimento avançados e comunicação eficiente. Em outras palavras, elas também dependem cada vez mais de funcionários talentosos. E também estão sujeitas às mudanças na sociedade em geral, que vem exigindo que as empresas atuem mais em prol do bem público.

Uma área em que essa mudança se tornou bastante evidente nos últimos anos é a luta contra a catástrofe climática. A grande maioria das emissões de gases de efeito estufa vem de empresas, o que significa que o caminho para uma solução virá, em grande parte, de uma mudança de atitude por parte das empresas. A regulamentação tem um papel crucial nisso, mas há muitos sinais de que as próprias empresas *querem* desempenhar um papel positivo.

Motivadas pela raiva e pela paixão da nova geração, as empresas têm demonstrado uma mudança radical em suas atitudes. Atualmente, muitas têm se envolvido seriamente em iniciativas que as tornarão "*net zero*" em um futuro próximo. Sim, elas podem fazer muito mais. Sim, é fundamental que continuem seguindo firme nessa direção. Mas é com muito ânimo que vejo um compromisso cada vez mais forte com aquilo que provavelmente é a forma mais importante de generosidade: a generosidade com nosso planeta e com as próximas gerações.

A história da Maersk

Veja o caso da gigante da navegação Maersk. Seus navios porta-contêineres impulsionam o comércio global e, nesse processo, emitem centenas de milhares de toneladas de gases de efeito estufa todos os anos. Mas em 2018, o presidente Jim Hagemann Snabe e sua equipe colocaram a empresa em um caminho diferente.[1] O conselho vinha debatendo a possibilidade de a empresa arcar com novas medidas para reduzir as emissões. A conversão para motores elétricos em navios de grande porte é muito mais difícil do que quando se fala de carros, e todas as alternativas eram ou caras demais ou inviáveis. Mas então eles perceberam que estavam fazendo a pergunta errada. Como líder de mercado, a empresa tinha a obrigação de encontrar uma maneira de alcançar a neutralização da emissão de carbono até 2050. Portanto, a pergunta certa a ser feita era: o que seria necessário?

Como ninguém tinha uma resposta, o conselho decidiu investir em um centro de pesquisa para investigar como o transporte com emissão zero poderia ser alcançado.[2] E deram mais um passo importante, convidando concorrentes e fornecedores a participar. Três anos depois, com base nas descobertas desse centro, a Maersk anunciou seu compromisso com fontes de energia verdes, como a energia solar e a eólica. Elas seriam mais caras do que o bunker, o combustível usado para navegar? Provavelmente. Mas isso não deveria impedi-los de fazer o que era necessário. Como Snabe disse em seu empolgante TED Talk: "Mesmo que o combustível verde custe o dobro do bunker, isso não deve ser um obstáculo. Mesmo com esse valor elevado, um par de tênis transportado da Ásia para os Estados Unidos ou para a Europa custaria apenas cinco centavos a mais. O argumento da acessibilidade é apenas uma desculpa ruim para não fazer as escolhas e os investimentos necessários."

Essa é uma forma de generosidade vinda das corporações. E é contagiante. Tenho testemunhado muitos líderes empresariais incentivando outros a elevarem o nível. Se todos estão nessa, é muito mais fácil dizer aos seus acionistas que essas são ações necessárias para sobreviver e prosperar no século XXI.

Essas ações não vão apenas reduzir a ameaça da catástrofe climática. Elas vão abrir caminho para um futuro de imensas possibilidades: energia renovável de custo ultrabaixo, ar limpo, transporte elétrico silencioso, cidades belas e modernas com espaços verdes criativos, fim da poluição plástica, reflorestamento, restabelecimento gradual de terras agrícolas improdutivas para que a natureza volte a crescer.

Comprometa-se com a generosidade, e todos sairão ganhando.

E, além das questões ambientais, há muitas outras maneiras de as empresas ganharem com a generosidade. Aqui vão dois exemplos.

A maneira não avarenta de produzir mais iogurte

A empresa de iogurte Chobani tem sido notoriamente generosa com seus funcionários. Em todas as etapas do crescimento da empresa, o fundador Hamdi Ulukaya concentrou-se em recrutar pessoas de comunidades rurais em dificuldades. Em 2016, duas mil pessoas trabalhavam para ele, e ele doou ações no valor médio de 150 mil dólares para cada uma delas.[3] Mas foram esses mesmos atos de generosidade que ajudaram a impulsionar o sucesso da Chobani, tanto pela lealdade de seus funcionários quanto pelo desejo dos consumidores de apoiar uma marca que representa algo. Ela se tornou a principal marca de iogurte grego nos Estados Unidos, com vendas anuais de mais de 1,4 bilhão de dólares.[4]

Em seu TED Talk, Ulukaya apresentou um "manual anticEO": "Se você estiver bem com seu pessoal, com sua comunidade, com seu produto, você será mais lucrativo, mais inovador, terá mais pessoas entusiasmadas trabalhando para você e uma comunidade que o apoia. Essa é a diferença entre o retorno de um investimento e o retorno da bondade".[5]

O crescimento contraintuitivo da Patagonia

Durante décadas, sob a liderança do CEO Kris Tompkins e do fundador Yvon Chouinard, a empresa de roupas esportivas Patagonia tomou medidas que pareciam contrárias a seus próprios interesses comerciais. Ela decidiu pagar a mais pelo algodão orgânico para não compactuar com os problemas ambientais associados ao algodão produzido em massa. Ela se comprometeu a doar o maior valor entre 1% das vendas ou 10% dos lucros para causas ambientais que ajudaram a preservar vastas extensões de áreas selvagens na América do Sul. E implementou políticas internas generosas para seus funcionários.

Mas, novamente, foram justamente essas políticas que fizeram com que a empresa fosse amada por tantos clientes. Uma pesquisa realizada no final de 2022 mostrou que ela estava entre as marcas favoritas dos millennials e da geração Z, vendendo mais de um bilhão de dólares por ano.[6] E se ainda não tivesse ficado claro que a generosidade era parte da essência da Patagonia, em 2022 Chouinard doou sua participação financeira na empresa para um fundo voltado ao combate às mudanças climáticas.

Então, como podemos incentivar mais empresas a adotar essa postura?

Você pode mais do que imagina
Se você trabalha em uma empresa, pode fazer a sua parte. Basta um pequeno número de funcionários organizados para mudar uma estratégia corporativa — sua empresa não pode se dar ao luxo de antagonizar seus criadores de valor. Por exemplo, o simples ato de convocar uma reunião para que os interessados discutam o potencial de sua empresa ser mais generosa com o planeta pode se transformar em um impulso irrefreável.

E lembre-se: a internet pode turbinar cada ato de generosidade, abrindo chances para retornos maravilhosos. Toda empresa ou organização deveria programar, a cada dois anos, um retiro de um dia para os seus funcionários mais criativos. Você deve receber a tarefa de responder a esta única pergunta: qual seria o ato de generosidade mais audacioso que poderíamos realizar?

O ideal é que isso seja conduzido pela cúpula, mas um pequeno grupo de funcionários também pode organizar essa conversa de forma independente. As ideias que surgirem podem persuadir a liderança da empresa a agir.

Algumas perguntas que podem ser feitas em um brainstorming desse tipo: sua empresa tem conhecimentos únicos? É verdade que compartilhar esses conhecimentos pode reduzir sua vantagem no mercado. Mas pode também garantir uma reputação global.

Vocês têm algum software avançado? E se permitissem que o mundo inteiro tenha acesso a ele? Sim, vocês podem estar abrindo mão de uma vantagem tática, mas programadores independentes, inspirados pela sua generosidade, podem lhes ajudar a aprimorá-lo.

Vocês têm um banco de imagens, músicas ou vídeos valiosos? Não seria o caso de disponibilizá-los gratuitamente para o mundo? Essa medida poderia levar vocês a serem descobertos por milhares de pessoas que gostariam de conhecer?

Parte de seu modelo de negócios é realmente ruim para o planeta? Então pensem em como seria deixar isso de lado! A liderança de sua empresa pode forçar os concorrentes a fazer o mesmo.

Se vocês dedicarem um dia a essas atividades, comecem aplicando todas as melhores regras de brainstorming em vigor. Convide as pessoas a sonharem o mais alto que puderem. Críticas não são permitidas até bem mais tarde no processo. Apenas convites para que o espaço de possibilidades continue se ampliando. Concentrem-se nas vantagens antes de se preocuparem com as desvantagens. E lembrem-se de que a generosidade quase sempre gera uma resposta surpreendente.

E agora… as notícias

Imagine, por exemplo, as seguintes manchetes aparecendo no seu feed de notícias nos próximos anos:

General Electric lança cursos gratuitos sobre energia eólica. "Temos um profundo conhecimento sobre a construção de turbinas eólicas supereficientes e vamos compartilhar isso gratuitamente com o mundo, para que outros possam participar da corrida pela energia renovável." (Previsão: ajudaria a reerguer os negócios da GE por meio da reputação e de novos recrutamentos.)

Coca-Cola revela sua receita secreta. "Convidamos todos a prepararem sua própria Coca-Cola em casa. Nós ensinaremos a você o passo a passo. E se puder melhorar a receita, nos avise. Na verdade, que tal uma versão totalmente natural com um pouco menos de açúcar? Se a sua receita for selecionada, nós a lançaremos mundialmente, com a marca 'a Coca-Cola do povo', e pagaremos a você dez milhões de dólares por sua colaboração." (Previsão: as vendas da Coca-Cola aumentam e uma nova marca importante é lançada.)

Restaurante local oferece brunch gratuito aos domingos para mães ou pais solo e sua família. "Nosso objetivo é criar uma comunidade, mas algumas pessoas não têm condições de comer fora. Então, queríamos fazer algo a respeito disso." (Previsão: a Goodwill tem um aumento nas vendas que compense o custo desse gesto. Muitos negócios locais já estão criando promoções do tipo. Vale a pena torcer por eles.)

A Amazon prioriza o clima em detrimento dos lucros. "Estamos investindo quinhentos milhões de dólares em pesquisas sobre cadeias de suprimento no mundo todo. Como resultado, poderemos colocar rótulos verde/âmbar/vermelho em 75% dos produtos que vendemos, de acordo com o grau de compatibilidade ecológica. Em nosso mecanismo de busca padrão, os rótulos verdes serão priorizados." (Previsão: essa ação se mostra transformadora para a reputação da Amazon, e permite que centenas de novos produtos favoráveis ao clima ganhem força no mercado.)

O que ganhamos com tudo isso? Um futuro com o qual podemos nos animar.

E o que as próprias empresas ganham? Tudo. Funcionários melhores, clientes mais entusiasmados, um planeta mais saudável e a restauração da confiança e da esperança.

12
O VERDADEIRO POTENCIAL DA FILANTROPIA

*E se déssemos aos agentes de mudança do mundo
a chance sonhar muito mais alto?*

Uma das maneiras mais extraordinárias de causar impacto no mundo é repensando como — e quanto — apoiamos as organizações sem fins lucrativos. Afinal de contas, a própria existência dessas organizações depende da generosidade. E muitas vezes elas são os agentes de mudança mais importantes quando se trata de enfrentar os problemas mais difíceis do mundo.

Há crianças morrendo de fome ou de alguma doença cuja cura é conhecida em algum lugar do mundo? Os direitos das pessoas estão sendo violados? Existe algum ponto cego na sociedade causando miséria? Há uma ameaça ao futuro da humanidade? Para cada caso, há uma organização sem fins lucrativos em algum lugar tentando ajudar.

Muitas delas são administradas por equipes realmente brilhantes e dedicadas. No entanto, enfrentam desafios extremos se comparadas às suas contrapartes na economia com fins lucrativos, especialmente no que diz respeito a arrecadação de fundos.

Dê uma olhada nesta tabela.

	INICIATIVAS COM FINANCIAMENTO PRIVADO	
	Com fins lucrativos	Sem fins lucrativos
>1 milhão de vidas impactadas	GRANDES EMPRESAS	?
<1 milhão de vidas impactadas	PEQUENAS EMPRESAS	QUASE TODA A FILANTROPIA

Ela mostra o cenário dos projetos financiados pelo setor privado que causam impacto no mundo (as iniciativas governamentais estão, portanto, excluídas). O quadrante inferior esquerdo abrange pequenas empresas — restaurantes, lojas locais, serviços especializados e assim por diante. O quadrante superior esquerdo é onde fica a maior parte da economia. Corporações com milhões de clientes, talvez em vários países. Quando você e eu compramos um smartphone, dirigimos um carro, passamos algum tempo no Facebook, na Netflix ou no Google ou compramos uma ação de qualquer empresa da lista "Fortune 500", estamos nos envolvendo com esse quadrante. Ele impulsiona grande parte da vida moderna.

Na verdade, se você observar as avaliações no mercado de ações ou calcular o tempo que gasta com produtos criados por empresas com fins lucrativos, a maior parte acontece no quadrante superior esquerdo. Por exemplo, no setor de tecnologia, apenas oito dessas empresas de tecnologia — Apple, Amazon, Microsoft, Google, Nvidia, TSMC, Tesla e Meta — valem aproximadamente o mesmo todas as outras empresas do setor juntas.[1] Embora um número muito maior de empresas esteja no quadrante inferior, seu impacto coletivo sobre todos nós é significativamente menor do que as do quadrante superior.

No entanto, olhando para a metade direita do cenário, um quadro muito diferente aparece. Grande parte está no quadrante inferior. Nos Estados Unidos, a maioria das doações filantrópicas vai para igrejas, hospitais, escolas e universidades locais. A intenção é impactar a vida de algumas centenas ou milhares de pessoas, não de milhões. Com certeza há grandes fundações que operam em uma escala maior, realizando um trabalho extraordinário que atinge — em alguns casos — milhões de pessoas. Conheço muitas pessoas que dedicaram a vida a esses esforços e tenho grande admiração pelo que fazem. Mas ao mesmo tempo elas me causam certa indignação. Apesar da importância crucial de seu trabalho, quase nunca sonham com projetos que custariam, digamos, cinquenta milhões de dólares ou mais. Os negócios operam em uma escala que é pelo menos uma ordem de grandeza maior.

Por que isso acontece? Será que é porque, de alguma forma, as iniciativas sem fins lucrativos não podem crescer em escala? Que na verdade é *adequado* que a maior parte das iniciativas filantrópicas seja relativamente pequena? Não! Estamos subestimando demais o que as organizações sem fins lucrativos poderiam alcançar se tivessem a chance.

Um dos problemas é que o mundo delas não tem as oportunidades de financiamento do mundo dos negócios. Vamos comparar.

Um conto de dois empreendedores

Marcus é um jovem empreendedor apaixonado, com um histórico reconhecido, e agora tem uma ideia para um serviço por aplicativo que seria interessante para pessoas do mundo inteiro. Marcus apresenta sua ideia a investidores de capital de risco, que o apoiam com três rodadas de financiamento, totalizando 25 milhões de dólares (utilizando fundos que reúnem dinheiro de dezenas de investidores em estágio inicial). Três anos depois, ele abre o capital de sua empresa, obtendo de milhares de novos investidores mais 75 milhões de dólares em um único dia, e dois anos depois sua empresa atinge a marca de trinta milhões de clientes em todo o mundo, todos encantados com o aplicativo Marcus's Heavenly Pizza e as entregas por drone. Marcus é um multimilionário, e seus investidores e acionistas fizeram seus nomes.

Mas nem tudo que o mundo precisa pode ser transformado em um produto lucrativo. A três quadras dali, na mesma cidade, mora Maya. Ela também é uma jovem empreendedora apaixonada, com um histórico reconhecido, e também tem a visão de um serviço por aplicativo que poderia atrair pessoas do mundo inteiro. Na verdade, o aplicativo poderia transformar a vida dessas pessoas, oferecendo a elas um auxílio fundamental em momentos de crise — é por isso que, inspirada pela canção de Carole King, ela o batizou de You've Got a Friend [Você tem um amigo]. Quando as pessoas se sentem angustiadas, acessam o aplicativo e encontram:

- métodos eficazes, cientificamente comprovados, para lidar com a dor.

- uma variedade de serviços locais que podem ser acionados para obter maior auxílio, incluindo conselheiros disponíveis 24 horas por dia, todos os dias da semana.

Mas há um desafio importante que ela precisa superar. A maioria das pessoas a que ela busca dar apoio vive na pobreza e não pode pagar o custo do serviço, que precisa ser prestado por voluntários treinados profissionalmente. O governo e os empregadores podem acabar pagando a conta, mas serão necessários muitos anos de convencimento para que isso aconteça. O plano de Maya mostra que, para que seu negócio tenha uma chance de crescer, será preciso levantar cem milhões de dólares em cinco anos (na verdade, o mesmo montante que Marcus precisou).

Como ela vai conseguir esse dinheiro? Não há investidores de risco a quem possa recorrer. Não há um mercado público de ações equivalente no qual ela possa se inserir. A melhor chance de financiar sua ideia é criar uma organização sem fins lucrativos e, em seguida, abordar uma série de fundações e filantropos, um de cada vez.

De início tudo é promissor. Muitas pessoas expressam interesse na causa e incentivam Maya a seguir em frente e provar que seu modelo é eficaz. Outros se oferecem para financiar testes relacionados a aspectos específicos da pobreza e da saúde mental com os quais eles têm motivos especiais para se preocupar. Depois de dois ou três anos, ela conseguiu alguns milhões de dólares e mostrou que seu aplicativo realmente ajuda a romper com o ciclo de pobreza causado por crises pessoais. Mas ela tem dificuldade para encontrar alguém disposto a correr o risco de expandir o plano de maneira agressiva. Ela gasta 50% de seu tempo na captação de recursos, e são necessárias dez reuniões, em média, para obter qualquer acordo, que geralmente não passa de três anos e apresenta inúmeras restrições para o uso do dinheiro.

Aos poucos, Maya vai ficando esgotada. Para salvar sua sanidade, ela decide ser menos ambiciosa. Em vez de procurar ajudar pessoas em todo o mundo, ela encontra um financiador disposto a investir cinco milhões de dólares para subsidiar o serviço para as pessoas em sua cidade natal. Ela se consola com o fato de que, nos anos seguintes, centenas de pessoas da região se beneficiarão do serviço, que foi rebatizado de maneira diplomática para incluir o nome do doador. Infelizmente, não há chances de se obter uma eficiência operacional verdadeira nessa escala, e milhões de pessoas ao redor o mundo sofrerão sozinhas, sem nunca saber que alguém pensou em um jeito de estender a mão para elas.

Por que essas duas histórias tiveram fins tão diferentes? Não há nenhuma razão específica para que iniciativas sem fins lucrativos não possam gerar mudanças em grande escala. Elas podem não ser capazes de se sustentar com seu próprio lucro, mas ainda há várias maneiras de se aproveitar da economia global, do apoio do governo ou do alcance da internet. Mas a realidade é que as ferramentas que as organizações com fins lucrativos têm para levantar grandes investimentos plurianuais simplesmente não estão disponíveis para as sem fins lucrativos. As iniciativas sem fins lucrativos são, com muita frequência, financiadas por um único doador e um ano de cada vez. É um processo profundamente ineficiente e, muitas vezes, frustrante.

E não apenas para empreendedores sociais. Os doadores privados — muitos dos quais adquiriram uma riqueza pessoal sem precedentes nos últimos anos — também temem o ciclo interminável de propostas de captação de recursos. Embora eles queiram realizar um trabalho capaz de mudar o mundo por meio de sua filantropia, não existe um mercado pronto para ideias inovadoras. E seguir em frente sozinho pode ser arriscado. Sem dúvida, é algo que consome muito tempo, e eles podem usar esse tempo de inúmeras outras formas. Portanto, não é surpresa nenhuma que muitos empreendedores com os recursos e o coração necessários para fazer grandes doações acabem ficando de fora.

É por isso que alguns dos agentes de mudança mais comprometidos do mundo, tanto os que fazem mudanças quanto os que as financiam, podem acabar desistindo de seus maiores sonhos. O espaço de possibilidades para mudanças verdadeiramente audaciosas permanece pouco explorado.

O que podemos fazer a respeito disso?

O fundamental é que tanto as organizações sem fins lucrativos quanto os doadores trabalhem uns com os outros de forma mais criativa, mais corajosa e mais colaborativa. Várias pessoas estão tentando realizar isso de diferentes maneiras. Gostaria de contar uma dessas histórias, em que tive uma visão privilegiada.

Ela foi inspirada pelo falecido Richard Rockefeller, membro de uma família conhecida por sua filantropia. Convidei Richard para uma reunião de conservacionistas marinhos e nunca vou me esquecer de suas palavras:

> *Ficou claro que muitos aqui estão estressados com o desafio que é arrecadar dinheiro para as causas em que acreditamos. Sofremos muita pressão para delimitar nossos planos e assim conseguir financiamento. Acho que isso pode ser um erro. De acordo com minha experiência, os melhores e mais sábios doadores não são convencidos com propostas para realizar algo pequeno. Essa é a minha sugestão: peça mais, não menos. Seja audacioso.*

Tragicamente, Richard morreu em um acidente de avião quatro anos depois. Ele nunca teve a chance de ver que suas palavras ajudaram a desencadear uma iniciativa notável chamada... sim, Audacious Project [Projeto Audacioso].

Ela reúne um grupo de fundações visionárias, lideradas pelo TED e pelo Bridgespan Group, uma organização dedicada a catalisar a filantropia audaciosa.

Veja como funciona o Audacious Project:

1. Convidamos os maiores agentes de mudança do mundo a sonhar como nunca sonharam antes, a criar ideias realmente audaciosas. Ideias que possam impactar milhões ou até centenas de milhões de pessoas, ou que tenham impacto ambiental em escala planetária,

ou que possam ser transformadoras para a ciência ou para nossa perspectiva de sobrevivência e prosperidade a longo prazo. Ideias empolgantes o bastante para fazer você sentir um arrepio na espinha.

2. Examinamos as ideias em busca daquelas que realmente têm um caminho viável para a execução, a escalabilidade e o impacto, e ajudamos a transformá-las em planos plurianuais viáveis e sustentáveis.

3. Apresentamos essas ideias ao mundo em um único momento, com o máximo de visibilidade e entusiasmo possível, e convidamos as pessoas a apoiá-las… juntas. A ideia é usar esse impulso para criar uma comunidade de apoiadores comprometidos com cada projeto, que vão sustentá-los por vários anos, contribuindo com ideias, tempo e influência, além de dinheiro.

Nossa hipótese era que essas três etapas poderiam criar um mercado interessante para ideias ousadas e financiáveis.

Mas será que realmente funciona?

Bem, já fizemos isso seis vezes. Apresentamos um conjunto de ideias ousadas, mas cuidadosamente examinadas, a grupos de possíveis doadores, e depois revelamos as propostas bem-sucedidas no TED. Os resultados têm sido extraordinários. Já no primeiro ano, mais de cem milhões de dólares foram arrecadados, superando em muito nossas expectativas. E, à medida que aprendemos a ajustar o processo, o valor arrecadado foi aumentando a cada vez. Em 2020, apesar dos desafios da pandemia, mais de quinhentos milhões de dólares foram direcionados a dezesseis projetos diferentes. E no início de 2023 ultrapassamos a marca de um bilhão de dólares pela primeira vez.[2]

Os projetos apoiados incluem:

- Estratégias para o enfrentamento à fome global, capacitando pequenos agricultores em todo o continente africano para que seus rendimentos aumentem, fazendo uso de uma combinação eficaz de sementes, treinamento e financiamento.

- Uma nova e importante instituição científica, que usará a edição genética CRISPR para moldar o comportamento de microbiomas inteiros, com um potencial extraordinário tanto para a saúde humana quanto para o clima.

- Um plano ousado para eliminar o tracoma, a terrível doença inflamatória que acomete os olhos.

- O lançamento de um satélite para rastrear as emissões de metano, um gás de efeito estufa mortal.

- Apoio para possibilitar o tratamento de desparasitação de cem milhões de crianças que, de outra forma, correm o risco de ter seu crescimento comprometido.

E aqui está uma surpresa. O *processo em si* é inspirador, tanto para as organizações que criaram os projetos quanto para os doadores que têm a oportunidade de trabalhar juntos em prol dessas grandes ideias.

Tudo isso só funciona graças ao poder da generosidade contagiante. Quando um grupo de doadores se reúne sabendo que o trabalho de base já foi feito, basta apenas que um ou dois deles endossem apaixonadamente um projeto para desencadear uma reação em cadeia. O pontapé inicial geralmente é tão simples quanto alguém dizer: "Estou disposto a apoiar se outros se juntarem a mim".

Acredito que isso seja apenas um esboço do que é possível. Se você tiver uma ideia para um futuro melhor que possa realmente impactar a vida de milhões de pessoas e um plano para concretizá-la, é bem possível que exista uma forma de obter financiamento. Em nosso mundo hiperconectado, podemos sonhar juntos como nunca antes. E podemos nos unir para transformar esses sonhos em realidade.

Maya, está ouvindo? Isso é para você! Em vez de centenas de reuniões, talvez você consiga financiar sua ideia tentando apenas uma vez.

Marcus, isso pode ser para você também! Parte da fortuna que você fez poderia ser revertida para o bem público, em ideias tão ousadas e empreendedoras quanto as suas, ideias que foram avaliadas com credibilidade e vão associá-lo a outros financiadores visionários.

E para você, caro leitor, isso também é muito válido. Todos nós podemos participar. Sim, a escala de financiamento necessária para esses projetos está muito fora do alcance da maioria das pessoas, mas é justamente essa a ideia. É um jeito de unir nossos esforços. É provável que um objetivo comum em iniciativas de grande escala tenha muito mais impacto do que esforços fragmentados e isolados.

A escala importa. Ela traz eficiência, alavancagem, networking e visibilidade para a marca. Com escala, você pode criar uma plataforma, atrair parceiros e atingir massa crítica. Mesmo uma pequena contribuição para esse tipo de esforço provavelmente renderá mais do que o mesmo dinheiro gasto em outro lugar. Porque é como ajudar a acelerar um trem já em movimento, tornando-o irrefreável. E não é apenas o seu dinheiro que pode ajudar. São as suas ideias, o seu incentivo e a sua capacidade de espalhar a ideia. Todos esses projetos podem se beneficiar de uma comunidade de apoiadores comprometidos, que torcem por eles nos bons e maus momentos. A mudança na escala não deve ser algo com que só as pessoas ricas sonham. Ela é para todos.

Seu próprio evento audacioso?
O sucesso dos círculos de doação locais e do Audacious Project me convenceram de que um novo modelo de captação de recursos poderia ser experimentado em nível regional. Veja como você pode se unir a alguns amigos e embarcar em sua própria jornada para viabilizar um projeto audacioso:

Etapa 1: Reúna seu grupo de amigos e faça a seguinte pergunta: vocês conhecem alguém na sua região que esteja tentando resolver um problema ou trabalhando em um projeto interessante? Ou alguém que já fez um trabalho impressionante no passado e pode estar disposto a trabalhar de novo em algo grande? Tente encontrar pelo menos cinco indivíduos ou grupos sem fins lucrativos que mereçam apoio.

Etapa 2: Escolha alguém do seu grupo para pesquisar mais a respeito de cada pessoa ou organização encontrada. Descubra como elas andam sendo financiadas, qual o histórico de cada uma. Em seguida, faça perguntas que talvez nunca tenham sido feitas a eles: "Qual é o seu maior sonho? O que você poderia alcançar se tivesse financiamento?". Talvez alguém tenha uma ideia para um novo teatro, um parque público, uma cozinha comunitária ou um centro de lazer.

Etapa 3: Reúna-se novamente com seus amigos e reduza sua lista a três projetos que sejam interessantes e confiáveis. Vocês precisam estar convencidos de que eles são realmente factíveis se o financiamento for obtido.

Etapa 4: Convide os criadores desses três projetos a transformá-los em um plano de ação que inclua respostas a estas perguntas: qual é a ideia principal? Por que faria uma grande diferença para o seu bairro? Quanto custaria? Como esse dinheiro seria gasto? (Será necessário um orçamento em que pelo menos os principais itens estejam cobertos.) Quais obstáculos precisariam ser superados, como planejamento, por exemplo? Como podemos ter certeza de que você se sairia bem em tudo isso?

Etapa 5: O.k., essa pode ser a parte mais difícil. Você precisa encontrar uma maneira de entrar em contato com todos os potenciais doadores locais que puder imaginar. Divida a tarefa com o grupo. Se todos cuidarem de uma lista com cinco pessoas, será bem mais fácil. Procure donos de empresas da região e outras pessoas bem-sucedidas ou influentes em sua comunidade. Será difícil ter acesso a eles, mas normalmente é possível encontrar algum contato on-line, talvez no LinkedIn. E assim que chegar em um, vai conseguir ajuda para acessar os outros. O que conta a seu favor é ter algo realmente interessante para compartilhar com eles. Na verdade, você está oferecendo a eles a chance de se tornarem heróis locais. Diga a eles que você está organizando uma reunião na qual três projetos empolgantes, capazes de mudar a comunidade para sempre, serão revelados, e que a presença deles seria muito importante. Diga que quer que eles estejam presentes por suas ideias, não apenas pelo dinheiro. Que não há obrigação de doar. Que podem doar somente se o projeto os empolgarem. Que eles farão parte de algo inédito, com todas as chances de ser incrível. O primeiro nome de peso é o mais difícil. Uma vez garantido, você poderá usá-lo para conseguir mais nomes.

Etapa 6: Faça a reunião — talvez na casa de alguém. As pessoas devem se comprometer a participar por noventa minutos. É provável que você queira limitar o número de participantes a vinte pessoas. Use o primeiro minuto convidando todos a se prepararem para refletir sobre as possibilidades futuras em sua comunidade e como seria bonito se, por acaso, vocês conseguissem financiar algo juntos. Em seguida, dê a cada líder de projeto no máximo dez minutos para que apresentem sua ideia, incentivando a se concentrarem em dois aspectos principais: por que ela seria ótima para o bairro e como seria executada. Conclua cada apresentação com dez a quinze minutos de perguntas e respostas. Termine convidando os doadores a confirmarem presença em uma reunião de acompanhamento do projeto, ou dos projetos que mais os entusiasmaram. Verificar quantas pessoas se inscreveram para cada reunião de acompanhamento vai ser crucial. É possível que um ou mais projetos não consigam atrair nenhum apoio adicional nessas reuniões, mas esperamos que pelo menos um deles consiga, quem sabe todos os três.

Etapa 7: Faça as reuniões de acompanhamento separadamente. Pelo menos um membro do seu grupo deve estar presente em cada uma delas para orientar o processo. É aqui que a coisa engata. O líder do projeto pode se aprofundar nos detalhes do seu plano e responder a quaisquer perguntas restantes. Nos últimos vinte minutos, peça ao líder do projeto para sair da sala e diga aos doadores: "É agora. Essa é a nossa chance, enquanto estamos todos reunidos aqui. Algum de vocês está disposto a apoiar esse projeto?".

Se todos abordarem o assunto com a mente aberta e se animarem, não se surpreenda ao ver o início de um surto de generosidade se disseminar diante de seus olhos. Nesse momento, existe a chance de você arrecadar o suficiente para financiar completamente o projeto. Uma outra possibilidade seria conseguir apenas a metade, mas ganhar o impulso e o entusiasmo necessários para tentar conseguir o restante do financiamento de outras pessoas da comunidade.

E mesmo que você não consiga arrecadar dinheiro nesse momento, acredito que ainda assim terá conseguido despertar algumas belas ideias que um dia poderão ver a luz do dia.

A questão é que, ao passar por esse processo, você estará rompendo com a compartimentação que impede muitas possibilidades de serem concretizadas. Somos animais sociais. Nós nos enchemos de ânimo ao fazermos coisas juntos. Quando uma comunidade se reúne e diferentes membros podem ver o envolvimento e o entusiasmo dos outros, tudo muda. O que parece impossível pode se tornar real. Em princípio, esse processo poderia unir ricos e pobres de uma forma maravilhosa, substituindo o ressentimento por entusiasmo e apoio mútuo. Vale a pena tentar.

No site infectiousgenerosity.org, estamos compilando histórias de grupos que adotaram essa abordagem para conseguir financiamento comunitário. Se der certo para você, conte para nós! Estamos aprendendo uns com os outros. E o espírito da audácia está se espalhando.

O poder dos sonhos

O futuro de que o mundo precisa será aquele em que as organizações sem fins lucrativos vão desempenhar um papel muito maior do que o atual. Acredito muito no poder do mercado, mas, à medida que as sociedades ficam mais ricas, faz cada vez menos sentido que as forças do mercado captem sozinhas os esforços e os sonhos da maioria dos cidadãos. Por que deveriam? Quando uma organização pode promover o bem público de alguma forma — em vez de promover os interesses dos acionistas —, ela abre a porta para um ecossistema amplo, de potencial ilimitado. Em vez de apenas fabricar um produto ou comercializar um serviço, essas organizações podem lidar com *qualquer problema* que o mundo venha a enfrentar. Ou revelar *qualquer oportunidade* que a imaginação humana possa conceber.

É loucura pensar que nossos esforços coletivos se limitam àqueles que podem ser financiados através do lucro. Uma generosidade audaciosa pode viabilizar uma nova geração de iniciativas sem fins lucrativos que atraiam os maiores talentos do mundo.

Os maiores impulsionadores da mudança devem surgir das pessoas que estão com a mão na massa. Precisamos libertá-las do rigor absurdo da captação de recursos, para que possam se concentrar na construção de um futuro melhor. E se dermos a elas essa chance? Para que sonhem o mais alto possível, e para que milhões de pessoas em todo o mundo se unam e ajudem a transformar esses sonhos em realidade.

Podemos viabilizar coletivamente um ciclo virtuoso. Uma maior generosidade possibilitaria ideias de mudanças mais ousadas e empolgantes, o que, por sua vez, poderia inspirar mais generosidade. E, em nosso mundo hiperconectado, os efeitos em cascata desses atos podem se espalhar por toda parte.

Como seriam essas ideias mais ousadas? É uma coisa empolgante de se contemplar.

O programa definido por Natalie Cargill no próximo capítulo mostra o que pode ser alcançado. Mas essas ideias de alto nível terão de ser construídas com base no trabalho extraordinário de milhares de organizações. O que uma única organização poderia sonhar em realizar?

Se você é do tipo sonhador, tente imaginar as iniciativas capazes de mudar o mundo que você gostaria de ver. É um exercício divertido! Aqui você encontra alguns exemplos que surgiram da última vez em que tentei:

- Um Projeto Manhattan para o futuro do planeta. Sabemos como lidar com a crise climática, só não estamos agindo com a rapidez necessária.

- Uma grande exposição em uma fábrica abandonada, apresentando diferentes manifestações artísticas para retratar histórias não contadas de heróis da transformação. Ela poderia lançar a carreira de mil artistas, revigorar uma cidade e inspirar milhões de pessoas.

- Um banco educacional para todos os cidadãos do planeta, que sirva como registro de todas as ferramentas educacionais disponíveis on-line com as quais tenham se envolvido, tornando-se, assim, o currículo definitivo para ajudá-los a encontrar o melhor caminho para o emprego e a capacitação.

- O fornecimento subsidiado de energia solar para todas as famílias que atualmente não têm acesso à eletricidade.

- Um hino mundial composto pelas vozes de milhões de pessoas juntas em uma linda harmonia, fruto da combinação entre genialidade musical e IA. Uma vez iniciado, ele nunca cessaria.

- Uma iniciativa para organizar uma limpeza em nosso planeta, utilizando milhares de equipes voluntárias em diversas regiões, que depois serão aplaudidas pela comunidade on-line, que não acredita nas fotos de antes e depois.

- Uma grande instituição de pesquisa para investigar como poderiam ser as novas formas de capitalismo e democracia na era moderna.

- Uma criptomoeda para precificar o carbono, respaldada por uma organização sem fins lucrativos que emita contratos confiáveis para a captura de carbono. Cada moeda representa a captura de uma tonelada de CO_2. A alta demanda pela moeda poderia aumentar o preço do carbono globalmente e ajudar a financiar a captura em grande escala.

- Uma cidade flutuante preparada para o futuro, com vida tanto acima quanto abaixo da superfície do oceano.

- Uma rede de webcams subaquáticas mantidas em locais deslumbrantes, possibilitando aquários virtuais gratuitos em todas as residências. É uma pena a vida oceânica estar tão escondida. Mas não precisa ser assim. Essa seria uma maneira econômica de fazer com que o mundo se apaixonasse por ela.

- Um conselho de cem líderes empresariais, artistas e cientistas dos Estados Unidos e da China que busque construir pontes entre as superpotências mundiais antes que elas declarem guerra entre si.

- Um grande esforço para combater a crise da obesidade, reunindo médicos, psicólogos, agrônomos, nutricionistas, urbanistas e contadores de histórias.

- Uma expedição científica às profundezas da Terra. O futuro de nosso suprimento de energia e o mistério das origens da vida podem ser encontrados lá.

- Um esforço em larga escala de moderação de conteúdo independente para fortalecer a verdade e a confiança nas redes sociais — uma Wikipédia anabolizada (conforme discutido brevemente no Capítulo 10).

- Um telescópio espacial cem vezes mais potente do que o já incrível James Webb. (A nova nave espacial da SpaceX faz com que isso seja possível.)
- Uma imensa transferência de renda que vá direto para a parcela mais pobre da população mundial.
- Um esforço enérgico para aprofundar e acelerar a colaboração entre os cientistas de todo mundo no enfrentamento às ameaças contra a espécie humana.
- Um projeto para coletar o melhor da cultura e das realizações humanas de todas as nações e preservá-las em um banco que possa sobreviver a guerras nucleares, meteoros ou à catástrofe climática.
- Um passaporte global que ofereça identidade, conexão e esperança a todos que desejam que a humanidade vá além do nacionalismo.

Você pode achar que algumas dessas iniciativas são bobas. Mas me diga, não deveríamos estar sonhando com coisas assim, ou até com versões aprimoradas desses sonhos? Muitas dessas ideias poderiam ser realizadas de forma magistral por menos de um bilhão de dólares. Há capital filantrópico privado suficiente por aí para financiar mil ideias do tipo.

Então vamos parar de reclamar que a filantropia é irritante e usar nossa imaginação coletiva para levá-la a um patamar totalmente novo.

13
O COMPROMISSO QUE PODE MUDAR TUDO

E se pudéssemos chegar a um único compromisso generoso entre nós?

Aos quinze anos, sofri uma crise de consciência que me acompanha desde então. Neste capítulo, espero finalmente me livrar dela.

Aconteceu na igreja. Eu estava sentado, ouvindo as palavras inspiradoras de um pastor convidado. Ele havia dedicado sua vida a ajudar as pessoas mais pobres mundo afora. Falou sobre quão exaustivo era esse trabalho, mas que, quando pensava que precisava apenas dormir um pouco, lembrava-se das terríveis dificuldades que as pessoas a quem ele atendia enfrentavam, e percebia que seu cansaço não era nada se comparado àquilo.

Suas palavras me encheram de tristeza.

Eu queria ser uma boa pessoa. Queria mesmo. Mas parecia que, para isso, eu teria de me comprometer a uma vida de eterno sacrifício. Não importa quanto você trabalhe ou os desafios que enfrente, sempre haverá pessoas em algum lugar no mundo cujo sofrimento te inspira a se esforçar mais um pouco. De repente, o futuro parecia um desafio insuperável.

Não é fácil achar saída para isso. O filósofo Peter Singer apontou que não há uma diferença moral clara entre se recusar a ajudar uma criança morrendo na sua frente e se recusar a ajudar financeiramente uma organização que pode salvar uma criança do outro lado do mundo. Não vivemos mais em um mundo de comunidades isoladas, onde nossas obrigações se estendiam apenas aos mais próximos. Hoje, com um mínimo de esforço, conseguimos ver qualquer pessoa em qualquer lugar. E podemos fazer coisas que geram impacto em qualquer lugar do mundo. Existe então alguma desculpa para você não ajudar?

Várias instituições de caridade podem afirmar que salvam uma vida em países em desenvolvimento por menos de cinco mil dólares.[1] Ou que convertem um ano de sofrimento em um ano de dignidade por menos de cem dólares. Você tem cem dólares? O que é mais importante, comprar uma xícara de café no próximo mês ou aliviar o sofrimento de alguém por um ano inteiro?

Após ter ajudado uma vez, você consegue encontrar uma justificativa para ter parado de ajudar? Não seria o caso de seguir pesquisando e financiando até ficar exausto e sem dinheiro? Você seria capaz de voltar a tomar seu café com a consciência tranquila?

A reação da maioria das pessoas a esses pensamentos é suspirar e mudar de assunto. Usamos frases prontas e irrefletidas como: "Bom, não dá para resolver tudo". Ou "Não adianta nada se desgastar com isso, não é?". Sem nunca nos questionarmos se chegamos mesmo perto fazer tudo o que era possível, ou se havia de fato um risco real de esgotamento.

As tradições que podem nos conduzir a uma nova norma
Como devemos lidar com isso? Aqui estão alguns princípios que você pode ter em mente:

1. E se houvesse uma norma social estabelecida para a doação? Ela funcionaria como um estímulo para aqueles que desejam fazer a coisa certa e, ao mesmo tempo, aliviaria o peso de um fardo moral excessivo.

2. Essa norma ideal deve garantir uma quantia que seja o bastante para o enfrentamento dos principais problemas de que as doações filantrópicas conseguem razoavelmente dar conta.

3. Mas não deve ser tão alta a ponto de sobrecarregar a maioria dos seres humanos que tentam tocar a vida no mundo moderno. Para que sejam consideradas viáveis, as regras morais precisam ser factíveis para a maioria das pessoas.

4. Ela deve ser vista como uma norma justa, que exige mais daqueles com condições de doar mais.

Como seria, então, essa norma? Bem, essa é uma questão sobre a qual as grandes religiões do mundo têm pensado há muitos séculos. As religiões buscam oferecer um caminho para uma vida feliz e plena, ao mesmo tempo que estabelecem regras morais para cuidar dos mais necessitados em nossa sociedade.

Dois grandes princípios surgiram em diferentes religiões. Acho que podemos pensar neles como um acordo pragmático entre o apelo da consciência e os fatos da vida. Embora tenham sido implementados de maneiras um tanto diversas em diferentes lugares, de modo geral, ambos sobreviveram aos séculos. Chamam-se dízimo e zakat.

Dízimo

Tanto no judaísmo quanto no cristianismo, há uma longa tradição em propor que os não pobres devam pagar um dízimo de 10% de sua renda. Em algumas tradições, esse valor deve ser pago diretamente à igreja ou sinagoga e, em outras, é apenas uma diretriz em relação a quanto se deve doar para os necessitados.

Zakat

Já no Islã surgiu um princípio não voltado para a renda, e sim para a riqueza total de alguém. Todos aqueles que possuem uma riqueza acima de um determinado limite são incentivados a doar 2,5% dela a cada ano para os necessitados. Essa ideia, chamada zakat, é descrita como o terceiro pilar do Islã, e absolutamente fundamental para a prática religiosa islâmica.

A beleza dessas tradições é que elas trazem clareza a essa questão. São quantias muito significativas para uma doação. Mas, para muitos, essa é uma obrigação que pode ser administrada. Quando é cumprida, já não é mais necessário se estressar com isso.

Qual desses princípios parece demandar mais? Bem, vai depender da riqueza da pessoa em relação à sua renda anual. Se a sua riqueza for mais de quatro vezes maior do que a sua renda total, será mais difícil atender às exigências do zakat. Se for menor do que quatro vezes a sua renda, será mais difícil dar o dízimo.

Como regra, no mundo moderno, quanto mais rico você for, mais provável é que o zakat seja um fardo mais pesado do que o dízimo. Uma família de classe média nos Estados Unidos pode ter uma renda conjunta de noventa mil dólares com economias mínimas e possuir uma casa no valor de quinhentos mil dólares, compensada por uma hipoteca de quatrocentos mil. Seu patrimônio líquido é cerca de cem mil dólares, pouco mais do que sua renda. Para eles, o dízimo é mais difícil do que o zakat. O dízimo implicaria uma doação de nove mil dólares por ano; enquanto o zakat, 2.500 dólares.

Por outro lado, o 1% mais rico dos Estados Unidos tem renda superior a um milhão de dólares e um patrimônio líquido dez vezes maior do que o salário. Para eles, o zakat seria muito mais caro do que o dízimo.

Se você é religioso e já segue um desses compromissos, meus cumprimentos. É algo difícil de se fazer. Você está sendo generoso. Sem dúvida eu o incentivaria a se certificar de que o dinheiro está sendo gasto de forma a obter o máximo de benefícios. Algumas religiões procuram recolher uma grande parte das contribuições de seus fiéis para dar esmolas aos pobres, o que talvez não seja a melhor maneira de capacitá-los, ou fazer contribuições diretas para sua igreja, sua mesquita, seu templo ou sua sinagoga. Talvez existam melhores usos para o dinheiro. Mas eu aplaudo a sua disposição para sacrificar suas próprias necessidades por algo além de você.

E se você (como eu) não for religioso, tenho uma pergunta: *não desejamos ter padrões éticos que se igualem ou até mesmo superem as tradições religiosas?*

Vivemos em um mundo com muito mais abundância do que aquele em que essas tradições surgiram. E ao mesmo tempo é um mundo que enfrenta desafios capazes de destruir tudo o que construímos. Não devemos cumprir nosso dever de enfrentar esses desafios?

Essa é uma questão que exige um esforço conjunto de todos os seres humanos.

O melhor dos dois mundos

Portanto, convido você a considerar fazer algo corajoso e que pode mudar sua vida: *abraçar as duas tradições!* Faça da sua meta de vida a capacidade de comprometer-se anualmente com o *maior* valor que puder, entre 10% de sua renda ou 2,5% de seu patrimônio líquido.

Agora, isso não é algo que você deva fazer de uma só vez. Talvez você, leitor, se encontre em uma situação em que simplesmente não pode se permitir doar nada próximo a isso. Talvez você esteja em início de carreira, lidando com uma montanha de dívidas ou financiamentos estudantis. Ou você é uma mãe ou pai solo em meio à crise do custo de vida. Ou está desempregado. Ou tem obrigações familiares absurdamente dispendiosas. Ou está abaixo da linha da pobreza. Nenhuma regra moral sensata gera expectativas que não podem ser atendidas.

No entanto, o mais incrível é que mesmo os mais pobres em nossa sociedade doam aos outros. Na verdade, eles costumam doar uma porcentagem maior de sua escassa renda do que os ricos. Pesquisas nos países ocidentais indicam que as pessoas mais pobres doam de 3% a 4% de sua renda, enquanto as mais ricas geralmente doam apenas a metade disso.

Portanto, não importam as circunstâncias, eu realmente acredito que é possível se comprometer com *alguma coisa*. Para a maioria, o compromisso com parte da renda é mais fácil de ser calculado e implementado. Você poderia começar com 3% e planejar um aumento constante a partir disso, talvez acrescentando mais um ponto percentual a cada ano em que sua renda aumentar, até chegar a 10%. Um dos principais benefícios de manter um compromisso é que ele faz com que sua doação deixe de ser impulsiva e passe a ser estratégica. Saber quanto é necessário doar em um mês ou em um ano vai de fato incentivá-lo a pensar em como utilizar esses recursos da melhor maneira possível. E significa que podemos encarar nossos compromissos como um esforço conjunto. Estamos todos juntos nisso. Podemos nos inspirar pelo fato de que muitos estão fazendo a sua parte.

Quando olho para trás e vejo minha própria história de doações, lembro como esse pedido é difícil. Sem dúvida, houve anos em que, apesar do considerável sucesso empresarial, não doei tanto quanto esses compromissos exigiam. E, sem dúvida, poderia inventar ótimas desculpas para isso, incluindo períodos em que meu negócio se desvalorizou ou que eu estava ocupado demais para prestar atenção.

Porém, quanto mais eu penso sobre a generosidade, sobre o impacto que ela pode ter e a alegria que pode proporcionar, mais determinado fico a fazer dela uma parte essencial de quem sou. O trabalho de Jacqueline como empreendedora social pioneira me inspirou e, agora, estamos prontos para assinar esse acordo conjunto, em que nos empenhamos a doar o maior valor entre 10% de nossa renda ou 2,5% de nosso patrimônio líquido a cada ano pelo resto de nossas vidas.

O compromisso de dar o que pudermos

Estamos assumindo esse compromisso no site givingwhatwecan.org. Desde 2009, o Giving What We Can tem incentivado as pessoas a doarem 10% da sua renda. Tenho conversado com eles sobre essa questão e estou animado em compartilhar que, no período que antecedeu a publicação deste livro, eles concordaram em adicionar a possibilidade de você também se comprometer com uma porcentagem do seu patrimônio. Isso significa que você pode assumir o mesmo compromisso que Jacqueline e eu aceitamos: doar a maior quantia entre 10% de nossa renda ou 2,5% de nosso patrimônio. Caso esse não seja um ponto de partida realista para você, eles também permitem que você personalize seu compromisso, podendo começar com uma quantia menor e atingir valores mais altos quando as circunstâncias permitirem. Para ajudá-lo a decidir o que é melhor para você, eles fornecem ferramentas interativas e conselhos para que você chegue a quanto deve doar com base em suas condições. Onde quer que comece, você vai poder monitorar facilmente sua doação ao longo do tempo, e descobrir toda uma comunidade de pessoas ao redor do mundo comprometidas com a generosidade.

Também gostaria de encorajá-lo a convidar seus amigos, seus familiares, seus colegas de trabalho, seu grupo religioso e seus círculos de doação a se juntarem a você. Quando penso na generosidade contagiante, isso me deixa animado. A nível individual, as doações podem ser intimidadoras, mas um grupo pode se incentivar a continuar doando. E se estivermos dispostos a tornar nossos compromissos públicos, como incentiva o site, estaremos criando um meio para que o próprio compromisso se espalhe.

Um dos principais benefícios desse compromisso ampliado é que ele pode incentivar os ricos a desempenharem um papel maior. Para muitos dos mais ricos do mundo, a renda é apenas uma fração de seu patrimônio líquido. Para eles, 10% da renda pode não ser muita coisa. Mas 2,5% de seu patrimônio líquido por ano de fato é. Hoje estima-se que, em média, os ultrarricos doam anualmente menos de 1% de seu patrimônio líquido. Portanto, isso seria como triplicar suas doações.

No topo da escala, os bilionários poderiam, creio eu, considerar a possibilidade de aumentar ainda mais as porcentagens com o decorrer do tempo. Eles têm acesso a oportunidades maravilhosas de investimento e, na maioria dos casos, sua riqueza se acumula a uma taxa bem acima de 5% ao ano, mesmo descontados os impostos. Portanto, a menos que consigam descobrir uma maneira de eventualmente elevar seu patamar de doação bem acima dessa meta anual de 5%, eles simplesmente vão permanecer sentados em uma pilha de dinheiro cada vez maior até morrerem, perdendo uma extraordinária oportunidade de empregar os mesmos talentos que os tornaram ricos em algo em prol do bem público. As novas ferramentas do Giving What We Can possibilitam e incentivam a elevação de patamar das doações ao longo do tempo. Elas podem ser empregadas tanto por aqueles que batalham para conseguir pagar as contas quanto pelos mais ricos do mundo.

Portanto, o sonho aqui é que tanto ricos quanto pobres consigam unir forças na missão de ir além da filantropia instintiva, feita no calor do momento e, em vez disso, construir em nossa vida um compromisso — o de doar uma quantia anual que respeite nossas circunstâncias, mas que, ainda assim, nos desafie e inspire a sermos generosos em um patamar totalmente novo.

O incrível mundo da filantropia máxima

Mas será que todas essas promessas de doação resolvem de fato a questão? Seria possível arrecadar dinheiro suficiente para lidar de forma efetiva com os problemas que enfrentamos? Sem dúvida, o mundo tem infinitos problemas e, portanto, infinitas maneiras de a generosidade ficar aquém do esperado.

Mas, na verdade, o mundo *não é* infinito. E seus problemas também não. Enorme, sim. Infinito, não. É claro que não existe uma maneira definitiva de calcular quanto custaria resolver *todos* os problemas de que a generosidade poderia dar conta. Mas, ainda assim, alguns trabalhos notáveis foram realizados e por eles podemos ter uma ideia do que seria possível e quanto custaria.

Uma das melhores mentes trabalhando nisso é Natalie Cargill, fundadora da consultoria de doações estratégicas Longview Philanthropy. Entrei em contato com ela para obter sua melhor resposta a esta pergunta: o que a filantropia poderia alcançar se esse compromisso de doação conjunta fosse amplamente adotado? Hoje, se literalmente todos participassem com o máximo que pudessem, o compromisso arrecadaria mais de dez *trilhões* de dólares por ano, uma quantia assombrosa. Isso é cerca de dez vezes o que está sendo doado atualmente. Mas sabemos que muitos não poderão se dar ao luxo de participar integralmente e outros vão preferir não participar. Portanto, para a finalidade desse experimento mental, convidei Natalie a apresentar o que poderia ser feito com apenas um terço desse valor, ou cerca de 3,5 trilhões de dólares por ano. Talvez, apenas talvez, possamos imaginar um mundo onde conseguimos chegar a esse patamar de maneira coletiva.

O que ela me apresentou foi de tirar o fôlego. Pegou uma longa lista dos maiores desafios do mundo, pesquisou e calculou os custos das estratégias filantrópicas mais promissoras para enfrentá-los em grande escala.[2] Seu plano idealizado de uma filantropia anual de 3,5 trilhões de dólares em dez anos realizaria *tudo* isto:

- Acabar com a fome no mundo (atualmente, 45 milhões de crianças sofrem de desnutrição).

- Derrotar os "três maiores" inimigos da saúde pública: tuberculose, HIV e malária.

- Libertar todos aqueles que se encontram em situação de escravidão.

- Cobrir os custos de reassentamento de todos os 6,6 milhões de refugiados que vivem em campos de refugiados.

- Garantir que todos tenham acesso a água e saneamento adequado.

- Garantir que os países em desenvolvimento tenham acesso à energia limpa.

- Oferecer educação universal e de alta qualidade na educação infantil, no ensino fundamental e no ensino médio.

- Acabar com as doenças tropicais negligenciadas, como a doença de Chagas, a doença do verme da Guiné e a hanseníase.

- Melhorar a saúde materna e infantil nos países em desenvolvimento, salvando a vida de dezenove milhões de mães e dois milhões de crianças e recém-nascidos a cada ano.

- Salvar ou plantar um trilhão de árvores até 2050 por meio da recuperação e da proteção das florestas.

- Aumentar em dez vezes a quantidade de energia solar produzida anualmente.

- Criar um sistema de monitoramento de águas residuais e diagnósticos rápidos para detectar todas as possíveis pandemias antes que elas aconteçam.

- Desenvolver a capacidade de produção de vacinas para todos no mundo em três meses, caso surja uma nova pandemia.

- Estocar uma quantidade suficiente de "equipamentos de proteção individual (EPIs) à prova de pandemia" para cada trabalhador essencial, garantindo que a sociedade opere mesmo durante as pandemias mais extremas.

- Instalação de lâmpadas ultravioletas germicidas para esterilizar o ar, eliminando 90% dos vírus e bactérias em todos os hospitais e nos cem principais aeroportos internacionais do mundo.

- Contribuir para uma transição segura e benéfica para a IA, promovendo o desenvolvimento do incipiente setor da segurança por IA, até que ele represente 10% dos investimentos globais em IA.

- Fazer com que as proteínas alternativas à carne sejam tão baratas e saborosas quanto carne de verdade.

- Conceder às proteínas alternativas o mesmo orçamento de publicidade que o setor de carnes.

- Evitar 1,5 milhão de mortes anuais causadas pela poluição do ar em ambientes fechados.

- Evitar três milhões de ataques cardíacos nos países em desenvolvimento.

- Trabalhar com organizações como a GiveDirectly para eliminar a pobreza extrema, fornecendo uma renda básica universal para todos.

É claro que a realização de todas essas tarefas exigiria um esforço diferente de tudo o que o mundo já viu. Seria necessária a adesão política dos países beneficiários e a participação ativa e a expansão de praticamente todas as organizações sem fins lucrativos que já trabalharam nessas áreas. Mas essas são medidas que, por si só, criarão empregos e aumentarão nossa capacidade de longo prazo para fazer mudanças. E Natalie foi rápida em apontar que essas não são necessariamente as intervenções mais econômicas, apenas aquelas em que há propostas específicas de implementação e ampliação.

Tudo isso pode parecer loucura para você. Afinal de contas, os esforços de mudança em grande escala podem se defrontar com imprevistos e consequências não intencionais. Por exemplo, anos de ajuda financeira por parte de governos do mundo todo tiveram resultados decepcionantes ou até mesmo negativos.

No entanto, cada uma das coisas listadas antes tem estimativas financeiras detalhadas, e estamos disponibilizando todas elas para convidá-lo a debater como poderiam ser melhoradas. É difícil imaginar um debate mais relevante. O objetivo final é mostrar como um futuro iluminado pela filantropia máxima poderia ser. Precisamos dessa visão para nos impulsionar. E é inegável que, como arranjo inicial, é uma visão bastante sedutora.

Filantropia máxima? Bem, sim. Em termos filantrópicos, é difícil imaginar um cenário em que fizesse sentido tentar arrecadar *mais* do que isso. Porque, nesse patamar, o gargalo para provocar mudanças não seria financeiro. Seria reunir as equipes, alinhar-se com governos e empresas e coordenar as demais ações necessárias para alcançar tudo o que foi mencionado. Se conseguíssemos tudo isso, sem dúvida haveria um futuro em que outros vários trilhões de dólares em filantropia poderiam ser arrecadados para promover a prosperidade e a superação humana. Mas é preciso priorizar. Por enquanto, essa lista nos diz das maravilhas e possibilidades que podemos engendrar. Um convite para que todos sonhemos mais alto em relação ao que a humanidade é capaz de alcançar.

A carta que eu gostaria de escrever
Desde aquele dia na igreja, há meio século, eu me sinto um tanto culpado por não fazer o suficiente. E muito confuso até para pensar em como resolver o problema. Eu finalmente estou sentindo essas nuvens se dissipando. Se eu pudesse, colocaria um bilhetinho dentro de uma cápsula do tempo e a enviaria para a minha versão mais jovem. O bilhete diria o seguinte:

Prezado eu de quinze anos,

Trago boas notícias. Vai dar tudo certo.

Sim, você realmente tem um compromisso ético para com os outros, onde quer que eles estejam no mundo. Leve-o a sério. E saiba que não é um fardo impossível de carregar.

Grande parte de sua generosidade pode ser expressa por meios não financeiros. E, no que diz respeito a dinheiro, o máximo que você precisa comprometer é 10% de sua renda ou — se você for realmente rico — 2,5% de seu patrimônio líquido a cada ano. É provável que você seja capaz de bancar isso. Será difícil, mas valerá a pena.

Você descobrirá que um compromisso com a generosidade pode ser o caminho não para a culpa, mas para a alegria.

Você consegue!

*Com amor,
Seu eu futuro sortudo e grato*

O resumo

Portanto, quando juntamos todas essas peças, algo verdadeiramente empolgante aparece.

Fica evidente que as duas antigas tradições de doação — dízimo e zakat — poderiam fornecer a base para toda a filantropia de que o mundo precisa. Se gastarmos com sabedoria, o resultado seria mais do que o suficiente para criar a alavancagem necessária para um mundo onde todos pudessem ter uma vida digna, com suas necessidades materiais básicas atendidas. E poderia também reduzir de maneira drástica o risco de eventos que ameaçam nosso mundo e a nossa existência, além de abrir as portas para inúmeras outras descobertas científicas e artísticas.

Isso é extraordinário. Os compromissos criados pelas tradições religiosas promovem um padrão de doação que ainda pode funcionar maravilhosamente bem em nossa era moderna. Sacrifícios que, para muitas pessoas, não representam muito, e que podem arrecadar dinheiro para mudar por completo nossa perspectiva futura. Ao longo da história, a maior parte da humanidade viveu na extrema pobreza, lutando para encontrar meios de sobrevivência. Hoje, a civilização tem gerado riqueza suficiente para algo totalmente diferente. Se estivermos dispostos a fazer um sacrifício financeiramente viável e de forma coletiva, podemos financiar quase tudo o que o futuro espera de nós.

Em resumo: se as pessoas de mentalidade positiva pudessem chegar a um compromisso de generosidade como norma social, isso resultaria em quatro itens importantes:

1. Daria a cada contribuinte uma motivação extra para continuar doando, mesmo em seus anos mais difíceis, ou em anos em que eles poderiam simplesmente esquecer.

2. O conceito de compromisso pode ser facilmente compartilhado com outras pessoas, tornando-se uma forma própria de generosidade contagiante.

3. Uma vez que o valor com que vai se comprometer é estabelecido, é muito mais provável que os doadores passem algum tempo pensando de maneira estratégica em qual seria o melhor uso dele, em vez de apenas responder a pedidos pontuais.

4. E a emocionante visão geral do que um compromisso cumprido é capaz de realizar no mundo pode unir e inspirar as pessoas, transcendendo barreiras nacionais, religiosas e financeiras.

Por isso convido você a acessar o site givingwhatwecan.org, para assumir o compromisso e incentivar outras pessoas a fazerem o mesmo. Você pode começar aos poucos e atingir a meta desejada de 10% da renda ou 2,5% do patrimônio líquido no seu ritmo. Se muitos fizerem isso, podemos realmente mudar tudo.

14
É COM VOCÊ

Convite para um check-up anual

Passamos a Parte 3 do livro imaginando um futuro em que a generosidade desempenharia um papel mais proeminente no mundo — na internet, nos negócios e na filantropia.

Mas e quanto a você? Existe um futuro em que a generosidade se torne uma parte mais rica, profunda e significativa de sua vida? Acabamos de passar um capítulo inteiro refletindo sobre compromisso financeiro. Mas, como vimos, a generosidade envolve muito mais do que doar dinheiro. Envolve tempo, talento e recursos. Envolve a nossa própria mentalidade.

O que podemos fazer para adotar a generosidade como parte essencial de quem somos? E como podemos medi-la? Em primeiro lugar, devemos reconhecer que a situação de cada pessoa é diferente. É difícil comparar a generosidade demonstrada todos os dias por um pai que cuida do filho com uma deficiência grave à generosidade de um executivo bem-sucedido que, na maioria das vezes, a expressa financeiramente.

Mas, mesmo com as enormes diferenças entre nossas situações, acredito que existe uma maneira de reunir todos em uma estrutura única, simples, mas extremamente útil. Isso remete ao que, na introdução, chamei de a pergunta mais importante que alguém poderia fazer a si mesmo: sou um doador ou um tomador de recursos?

Aqui está minha proposta: uma vez por ano, quem sabe como parte de nossas resoluções de ano-novo, ou enquanto tomamos um café nas férias, ou no GivingTuesday no final de novembro, que cada um de nós se comprometa a passar uma hora fazendo um balanço de nossas vidas, em busca de nossa própria resposta a essa pergunta fundamental.

É claro que não existe uma maneira exata, matemática, de cravar uma resposta. É uma questão que envolve uma reflexão honesta e pessoal. Mas dividi a questão em sete partes. Você não precisa dar respostas positivas para todos os casos, mas se puder responder com um "sim" convicto algumas delas, estará no caminho certo.

Aqui estão as sete partes:

1. *Na essência, meu trabalho contribui para o mundo ou explora o mundo?* Se você trabalha para uma empresa ou uma organização cuja missão é claramente positiva para o bem público, isso é um grande ponto positivo em seu balanço. Considerando o tempo que passamos no trabalho, é realmente importante que aquilo que produzimos enquanto estamos nele seja positivo. E, caso não seja, você pode fazer alguma coisa para mudar isso? Talvez você tenha mais poder do que imagina. E, caso não esteja trabalhando para alguém, de alguma forma você contribui para o bem público durante o tempo em que é produtivo? Se é criativo e traz alegria aos outros, ou um pai ou uma mãe em tempo integral que busca criar filhos dos quais possa se orgulhar, então tem direito a marcar um "sim" aqui.

2. *No meu tempo livre, estou agindo em prol dos outros com frequência?* Se você passa mais de duas horas por semana realizando trabalho voluntário, cuidando de alguém ou defendendo uma causa em que acredita, está sendo generoso com seu tempo. Muitas pessoas têm apenas vinte horas de tempo livre por semana — quando não estão trabalhando, comendo, dormindo ou cumprindo obrigações —, e dedicar 10% desse tempo a

fins não egoístas equivale ao dízimo. Se você com certeza tem menos de vinte horas de tempo livre disponível, é razoável aplicar os mesmos 10% ao tempo que tem disponível.

3. *Minha pegada de carbono está totalmente neutralizada?* Você pode consultar o site carbonfootprint.com para calcular isso. Em vez de se sentir culpado pelos resultados, pode decidir compensá-lo, ou melhor, compensá-lo duas vezes, ou seja, comprando compensações de carbono de uma fonte confiável que equivalham ao dobro de sua pegada anual estimada. Isso garante uma grande margem de segurança para a incerteza em relação à sua pegada real e à eficácia das compensações, e pode ajudá-lo a ter certeza de que, em termos líquidos, você está sendo generoso com o planeta. Para uma pessoa com um estilo de vida médio no Ocidente, uma compensação dupla custaria cerca de quinhentos dólares por ano. Qualquer dinheiro gasto em compensações de carbono pode ser considerado parte de sua doação financeira.

4. *Estou colocando meus recursos e habilidades pessoais à disposição dos outros?* Todos os anos, relembre os momentos em que você compartilhou de boa vontade algo com outra pessoa, seja sua casa, um bem valioso, conhecimento, habilidades que teve o prazer de passar adiante ou dividiu com alguém dos seus contatos. São todos belos exemplos de generosidade dos quais você pode se orgulhar. Nem todo mundo tem os mesmos recursos. Em um grupo de amigos, alguém pode ter

uma casa, uma segunda fonte de renda e um amplo acesso à assistência infantil, enquanto outros passam dificuldades. A questão não é se você está dando tanto quanto os outros; é se está dando mais do que está recebendo.

5. *Estou sendo generoso com meu dinheiro?* A maneira mais simples de verificar, conforme recomendado no capítulo anterior, é acessando o site givingwhatwecan.org, preenchendo as perguntas confidenciais sobre sua situação financeira e comparando o que é recomendado pelo site e o que você está doando de fato. Sua meta de longo prazo é chegar ao maior valor entre 10% de sua renda e 2,5% do seu patrimônio líquido anual. Mas muitos precisarão de tempo para chegar a esse patamar.

6. *Estou colocando a mentalidade generosa em prática?* Essa, claro, é a chave para todas as outras formas de generosidade. Tanto na rua quanto na internet, levar a generosidade com você, buscar o que há de melhor nos outros e procurar oportunidades de fazer o dia de alguém fazem toda a diferença.

Um amigo que leu um dos primeiros rascunhos deste livro me mandou uma mensagem que achei profundamente comovente: "Desde que li o seu esboço, me peguei fazendo uma pergunta recorrente: *qual é a versão mais generosa de tudo o que faço?* Eu fiz essa pergunta durante a minha rotina matinal: tomando um café da manhã mais saudável para me cuidar, perguntando à minha esposa como será o dia dela e como posso ajudar, garantindo que os momentos que antecedem deixar meus filhos na creche possam ir além de deixá-los prontos e sejam repletos de alegria, música e brincadeiras. Eu fiz essa pergunta em cafeterias, supermercados, estacionamentos, abrindo portas, conversando mais com estranhos e pagando um café para alguém. Eu fiz essa pergunta em relação às pessoas que conheço, o que me levou a comprar presentes para os meus colegas e a abrir as portas de nossa casa para um amigo que estava se divorciando. E, é claro, eu já fiz essa pergunta um milhão de vezes em meu trabalho na internet".

A bela pergunta do meu amigo nasce de uma mentalidade generosa, e ao mesmo tempo ajuda a ampliá-la. No espírito da generosidade contagiante, também vou começar a fazer essa pergunta para mim mesmo, e convido você a fazer também. Suspeito que não conseguiremos fazer isso o dia todo, todos os dias. Mas se conseguirmos encontrar uma maneira de retornar a isso, todo o resto muda.

E, finalmente...

> 7. *Estou buscando todas as oportunidades para que minha generosidade — e a dos outros — se torne contagiante?*
> Essa talvez seja a pergunta mais importante de todas. Este livro é dedicado à ideia de que podemos construir um futuro promissor se dermos à generosidade a melhor chance. Isso significa aproveitar todas as oportunidades para notá-la e celebrá-la, onde quer que a encontremos. Procure os heróis ocultos, que agem sem serem vistos, e ajude a torná-los visíveis. Use suas redes e suas conexões para transmitir histórias que iluminem nossos

melhores anjos. Junte-se a outras pessoas e descubra aquilo que vocês podem fazer juntos e que vai além de seus esforços individuais. (Você pode começar simplesmente convidando um grupo de amigos para jantar!) Esteja disposto, se o momento for propício, a compartilhar seus próprios atos de bondade. A generosidade *quer* se espalhar. Vamos conceder a ela esse desejo.

Você pode pensar que o compromisso de fazer essas perguntas a si mesmo uma vez por ano será assustador e provocará estresse e culpa. Eu acho que será o oposto disso. Para mim, esse é um convite para o autoconhecimento e para a tomada de decisões que são do seu interesse a longo prazo e do interesse a longo prazo daqueles que você ama. É um convite para ser a pessoa que você quer ser. Um convite à alegria.

E se essa autorreflexão o levar a fazer algo gentil que, de outra forma, você não teria feito, tudo pode acontecer. Em uma época em que todos estão conectados, um único ato de generosidade pode ter consequências ilimitadas. Tenho uma última história que ilustra exatamente isso: de alguma forma, uma única caixa de lenços de papel desencadeou um movimento que inspirou centenas de milhares de pessoas. Veja o que aconteceu.

Uma pandemia de bondade

Em março de 2020, a Austrália entrou em lockdown. Histórias de morte, caos e estoques de alimentos inundaram a mídia. A ativista antietarismo Catherine Barrett sabia haver histórias que não estavam sendo contadas. Todo mundo estava à beira das lágrimas,

mas muitas pessoas estavam tentando fazer algo para ajudar. Um dia, um de seus vizinhos colocou uma caixa de lenços de papel em uma mesa da área comum de seu prédio com um simples bilhete: "Por favor, pegue um se precisar". Catherine ficou profundamente tocada por esse gesto, pois mostrava alguém reconhecendo que todos estavam sofrendo.

E então ela teve uma ideia. Criou um grupo no Facebook chamado Kindness Pandemic [Pandemia de bondade] e publicou uma foto da caixa de lenços e o bilhete do vizinho, com a legenda: "Um gesto tão simples e tão significante. Estou criando este grupo para disseminar a bondade… e espero também que o grupo ajude a restaurar nossa fé uns nos outros". Ela convidou as pessoas a praticarem a "bondade em voz alta" ao compartilhar suas histórias e as de outros.

O grupo do Facebook cresceu tão rápido que chegou a travar. "As pessoas estavam cansadas da divisão, do ódio e da falta de compaixão", comentou Catherine em uma entrevista com Kate. "Em todos os comentários, as pessoas diziam: 'É disso que precisamos'." O grupo cresceu rapidamente e chegou a ter mais de quinhentos mil membros de todo o mundo, contando histórias de atos de bondade que haviam testemunhado ou praticado, semana após semana. Determinada a disseminar ainda mais a pandemia de bondade, Catherine fez algo audacioso. Ela criou um esquema simples que permitia que outras pessoas assumissem a marca Kindness Pandemic, de modo que grupos locais pudessem ser criados e coordenados uns com os outros. Em pouco tempo, mais de setenta grupos de Facebook com o nome Kindness Pandemic estavam não apenas divulgando histórias de bondade, como direcionando seus membros para serviços e recursos locais. E, para os visitantes de todas as páginas da Kindness Pandemic, um comovente mosaico com milhares de atos de bondade aleatórios, locais e globais, surgiu. Aqui estão apenas alguns deles:[1]

Tracey Rohweder: "Para a senhora gentil do ônibus 120 ontem, que percebeu que minha filha estava chateada por ter esquecido a bolsa no ponto de ônibus. Obrigada por você ter sido a voz maternal carinhosa e sem julgamentos de que ela precisava. Você percebeu como ela estava, fez com que respirasse fundo. Até se ofereceu para ligar para alguém. Ela sofre de ansiedade e está no espectro do autismo, por isso estava paralisada de medo. A sua gentileza a levou até a universidade, e ela conseguiu me ligar e contar o que aconteceu. E hoje recuperamos a bolsa! Você salvou o dia dela. E o meu!".

Ginger Rogers: "Hoje recebi essas flores de um menino enquanto passava em frente à casa dele. Ele estava brincando no jardim, me viu, pediu que eu esperasse, colheu as flores para mim e me entregou em mãos. Um ato de bondade completamente aleatório que, para mim, significou muito mais do que aquele menininho poderia imaginar".

Membro do grupo: "O funeral do meu pai foi hoje, no País de Gales, a quase dezessete mil quilômetros de distância. Eu não pude estar presente. O vigário incentivou a família a gravar minhas palavras para o meu pai e reproduziu o que eu disse durante a cerimônia. Uma desconhecida, Katie, transmitiu ao vivo todos os momentos do funeral para mim, desde a saída de casa, o culto, os discursos, a caminhada… indo atrás do caixão até o cemitério e o enterro em um vilarejo rural, para que eu pudesse estar lá, direto da Austrália. E meus colegas de trabalho me deram de presente um cobertor macio e uma caixinha com mimos para me fazer companhia durante a transmissão ao vivo quase à meia-noite. Não tenho palavras para expressar quanto todas essas gentilezas estão me ajudando durante o luto".

Histórias assim continuam aparecendo mais de dois anos após a criação do grupo. É realmente uma pandemia de bondade. E foi desencadeada por uma única pessoa fazendo algo que surgiu naturalmente.

Quantas pandemias de bondade ainda podem ocorrer? Em uma era em que todos os seres humanos estão conectados entre si, realmente não há limites. Ao nos tornarmos doadores de recursos, não alteramos apenas o balanço de nossa própria vida, mas inspiramos outras pessoas a serem generosas também.

Nós, humanos, não precisamos passar a vida como sonâmbulos. Ao contrário de qualquer outra espécie, temos a capacidade de dar um passo atrás, refletir, imaginar e tomar decisões firmes, de maneira individual e coletiva. Somos coautores do futuro. E a história que escrevemos juntos pode nos surpreender.

EPÍLOGO

Então, querido leitor, embarcamos juntos em uma grande jornada em busca de uma nova compreensão da generosidade. De forma generosa, você se envolveu comigo tanto em pensamento quanto em emoção. Mas e agora? O que você fará com tudo isso? Enquanto volta para sua vida agitada, aqui estão as palavras finais que espero que você leve. Elas são um resumo, um manifesto e uma carta de amor.

Todo ser humano tem o potencial de doar. A necessidade de doar está profundamente enraizada em cada um de nós, e pode ser estimulada pelo simples fato de estarmos abertos às necessidades dos outros. Quando compartilhamos nosso tempo, dinheiro ou criatividade, esses gestos podem gerar respostas semelhantes. Assim, uma vez iniciada, a generosidade pode se espalhar como fogo. *Conforme passa de uma pessoa para outra, muitas vidas podem ser tocadas. E nosso testemunho coletivo do que os seres humanos são capazes pode superar o cinismo predominante nos dias de hoje, unindo as pessoas em uma causa comum.*

A internet é uma plataforma para a bondade humana. Até agora, muitas vezes ela tem se aproveitado de nossos piores instintos, gerando indignação, medo e polarização. Mas podemos fazer algo a respeito disso. Nossa conexão nos permite expressar a generosidade de maneiras que antes eram simplesmente impossíveis, ao compartilhar o melhor de nosso conhecimento e de nossas criações com milhões de pessoas ao redor do mundo. E, mais do que isso, ela nos permite compartilhar histórias de generosidade de maneiras que podem inspirar e encantar as pessoas.

Todos podem desempenhar um papel. Não é preciso ser rico nem ser um gênio. Se você é capaz de adotar uma mentalidade generosa, procurar entender as pessoas de quem discorda e escrever palavras gentis em vez de cruéis, você é capaz de ajudar a virar esse jogo. Não existe um caminho único para uma vida generosa. Mas todos podem almejar dar mais do que recebem.

As empresas e organizações também têm um papel fundamental a desempenhar. A hiperconectividade mudou as regras sobre o que devemos dar e o que devemos guardar. Toda organização deve reservar um dia para sonhar com aquilo que poderiam doar que surpreenderia e encantaria o mundo. Quanto mais ousado e criativo você for, mais provável será que a sua generosidade crie efeitos cascata empolgantes, capazes de transformar a sua reputação.

Generosidade começa com gratidão. Quando paramos por um momento, podemos nos lembrar de inúmeras coisas pelas quais somos gratos. Se fizermos disso um hábito, o desejo de devolver ao universo, de incorporar a generosidade à nossa vida, virá naturalmente. Pode ser algo tão simples quanto se comprometer com um ato bondoso todos os dias, ou dedicar tempo a uma causa com a qual nos importamos por meio de trabalho voluntário, orientação ou ativismo digital. Isso também pode significar assumir um compromisso financeiro — doar anualmente o maior valor entre 10% de nossa renda e 2,5% de nosso patrimônio líquido individual para as causas que priorizamos. Se esse compromisso fosse adotado de maneira ampla, arrecadaríamos dinheiro para resolver todos os problemas que a humanidade enfrenta.

Mesmo para as pessoas mais generosas, pode ser difícil saber quando e como doar. É uma tarefa para o coração e para a cabeça. Comprometa-se a passar um tempo imerso em uma questão com a qual você se importa. E, ao mesmo tempo, pergunte-se: qual é o tamanho dela? É possível resolvê-la? É uma questão negligenciada? Procure organizações que estejam causando impacto. Dê a elas uma chance com o seu dinheiro. Você nunca vai ter certeza de qual seria o "melhor" uso do seu dinheiro. É melhor contribuir e aprender do que se recusar a correr riscos. O mais importante é procurar colaboradores que pensem como você. A mudança é muito mais satisfatória quando é alcançada em conjunto. Unindo forças, podemos alcançar muito mais e, ao mesmo tempo, obter maior satisfação com isso.

Pense agora em como a generosidade poderia nos transformar. É uma chance de sonhar com uma filantropia audaciosa, voltada para as necessidades do mundo inteiro. Com empresas que tenham visão para estar do lado certo da história. Com um levante global de cidadãos determinados a reivindicar a internet e torná-la uma força para o bem em nosso mundo. Você está pronto para voltar a se entusiasmar com o futuro? Chegou a hora!

Isso tudo tem a ver com o que há de mais indescritível, inspirador e belo: a busca por significado. Nós nascemos para estarmos conectados. Portanto, doe o que puder. Doe de forma criativa. Doe com coragem. Doe de forma colaborativa. E deixe que a magia da generosidade se espalhe pelo universo.

Se você fizer isso, não se surpreenda se um dia acordar e ouvir um sussurro vindo de dentro de você: "Nunca me senti tão feliz".

AGRADECIMENTOS

Este livro foi escrito de maneira coletiva por um grupo de almas talentosas e generosas.

Kate Honey passou meses pesquisando dezenas de histórias de generosidade contagiante, transformando um conceito aborrecido em uma realidade cheia de esperança. Kate é brilhante, sábia e gentil, e contribuiu para o livro de inúmeras maneiras.

Tom Cledwyn está expandindo o alcance do livro com a criação de um site gerado por meio de IA (infectiousgenerosity.org) e atuando como o cérebro por trás de nossa marca e nossa estratégia de marketing. Sua rara combinação de visão aprofundada e genialidade criativa me impressiona.

Nossa maravilhosa ilustradora, Liana Finck, trouxe a todos nós presentes repletos de emoção, perspicácia e encanto.

Amigos e familiares em quem confio me incentivaram a dar início a este projeto, leram os primeiros esboços e me pouparam de inúmeros enganos e becos sem saída. Jeanie Honey, Beth Novogratz, Sunny Bates, Chee Pearlman, Cyndi Stivers, Steve Petranek, Otho Kerr, Arch Meredith e Rob Reid, tenho sorte de conhecer vocês.

Muitos palestrantes do TED e outros membros da comunidade TED foram generosos e doaram seu tempo para avaliar e aconselhar, incluindo Jonathan Haidt, Andrew Solomon, Brené Brown, Dan Pallotta, Steven Pinker, Adam Grant, Eli Pariser, David Bodanis, Peter Singer, Scott Cook, Terry Moore, Alain de Botton, Liv Boeree, William MacAskill, Natalie Cargill e Tom Tierney.

Elizabeth Dunn liderou a equipe por trás do Experimento Misterioso e, assim, ajudou a parir este livro mais rápido. Outros membros importantes dessa equipe foram Sheila Orfano, Ryan Dwyer e Malanna Wheat.

Nada disso teria sido possível sem o elenco único de personagens que fizeram do TED o que ele é hoje. Um agradecimento especial a Jay Herratti, Lindsay Levin, Anna Verghese, Helen Walters, Logan Smalley e Michelle Quint, que ofereceram inestimáveis incentivo e apoio editorial; e aos ex-colegas June Cohen e Jason Wishnow, que desempenharam um papel fundamental no lançamento original do TED Talks on-line. Na verdade, devo a todos no TED um obrigado. Vocês me surpreendem e me encantam todos os dias.

Uma equipe extraordinária de profissionais fez o impossível para ajudar a trazer este projeto ao mundo. Todd Shuster, meu agente, foi inabalável em sua crença neste livro, mesmo quando ele era apenas uma mixórdia mal organizada. Meus editores em lados opostos do Atlântico, Drummond Moir e Paul Whitlatch, de início me arrasaram com suas críticas honestas a algumas partes do livro, mas depois me mostraram como reformulá-las e tornar tudo viável. O talento e a lucidez deles são incríveis. Na verdade, toda a equipe da Penguin Random House, comandada pelo visionário editor David Drake, tem sido excelente: criativa, ousada, diligente e — sim — generosa.

Minha mãe, Gwendy Anderson, passou suas duas últimas décadas em uma casa de repouso, com o cérebro destruído por um derrame. Nunca poderei lhe dizer isso agora, mas sua insistência em nunca julgar alguém sem conhecer de verdade a sua história é a razão pela qual coloquei a "mentalidade generosa" no coração deste livro.

Zoe Anderson personificava a generosidade em sua forma mais brilhante e gloriosa. Sua vida foi tragicamente interrompida aos 24 anos, mas seu espírito continua vivo em todos que a conheceram, o exemplo mais belo e pungente de generosidade contagiante que conheço.

Tenho muita sorte de ter uma família que me traz alegria e gratidão todos os dias: minhas filhas incríveis, Elizabeth e Anna; meus genros, Joe e Sam; meus netos, Zander, Clara e Maeva; e minha parceira de vida, Jacqueline, que vive uma vida de generosidade, amor, determinação e coragem em um nível que só posso admirar.

Meu reconhecimento final é para todos os heróis desconhecidos que dedicaram tempo, talento e dinheiro a algo além de si mesmos. Há literalmente bilhões de vocês por aí. E vocês estão moldando o futuro na direção da esperança.

BIBLIOGRAFIA

Todos os itens a seguir, e muitos outros, podem ser facilmente encontrados na internet a partir do site infectiousgenerosity.org.

LIVROS RECOMENDADOS

BREGMAN, Rutger. *Humanidade: uma história otimista do homem*, trad. Claudio Carina. São Paulo: Planeta, 2021.

COOMBES, Joshua. *Do Something for Nothing: Seeing Beneath the Surface of Homelessness, Through the Simple Act of a Haircut*. Londres: Murdoch Books, 2021.

DICKSON, Mike. *Our Generous Gene*. S. l.: Generous Press, 2016.

DUNN, Elizabeth & NORTON, Michael. *Dinheiro feliz: a arte de gastar com inteligência*. São Paulo.: JSN Editora, 2014.

GUZMÁN, Mónica. *I Never Thought of It that Way: How to Have Fearlessly Curious Conversations in Dangerously Divided Times*. Nova York: BenBella Books, 2022.

HOPKINS, Rob. *From What Is to What If: Unleashing the Power of Imagination to Create the Future We Want*. Londres: Chelsea Green Publishing, 2019.

MACASKILL, William. *What We Owe the Future: A Million-Year View*. Londres: Oneworld Publications, 2023.

RYAN, M. J. *Radical Generosity: Unlock the Transformative Power of Giving*. Newburyport: Conari Press, 2018.

SINGER, Peter. *Quanto custa salvar uma vida? Agindo agora para eliminar a pobreza mundial*, trad. Márcio Hack. Rio de Janeiro: Elsevier, 2010.

SMITH, Christian & DAVIDSON, Hilary. *The Paradox of Generosity: Giving We Receive, Grasping We Lose*. Oxford: Oxford University Press, 2014.

WAHBA, Orly. *Uma gentileza por dia: 365 ações diárias para salvar o mundo (e você mesmo)*, trad. Ana Claudia Fonseca. São Paulo: Benvirá, 2017.

WILLIAMS, Matthew. *A ciência do ódio: a jornada de um cientista para compreender a origem dos preconceitos e da violência que ameaçam o futuro da sociedade humana*, trad. Marcelo Barbão. Rio de Janeiro: Globo Livros, 2021.

TED TALKS

DISPONÍVEIS em ted.com ou no YouTube.

Adam Grant: "Are You a Giver or a Taker?".

Alain de Botton: "Atheism 2.0".

Alex Sandler: "What Is a Gift Economy?".

Dan Harris: "The Benefits of Not Being a Jerk to Yourself".

Daniel Pallotta: "The Way We Think about Charity Is Dead Wrong".

Daryl Davis: "Why I, as a Black Man, Attend kkk Rallies".

Dylan Marron: "Empathy Is Not Endorsement".

Elizabeth Dunn: "Helping Others Makes Us Happier — But It Matters How We Do It".

Hamdi Ulukaya: "The Anti-CEO Playbook".

Jeffrey Walker: "Creating Whole-Table Discussions over Dinner".

Jim Hagemann Snabe: "Dreams and Details for a Decarbonized Future".

John Sweeney: "Why Kindness Matters".

Jon Ronson: "When Online Shaming Goes too Far".

Ken Robinson: "Do Schools Kill Creativity?".

Lily Yeh: "From Broken to Whole".

Mary Portas: "Welcome to the Kindness Economy".

Melinda e Bill Gates: "Why Giving Away Our Wealth Has Been the Most Satisfying Thing We've Done".

Michael Norton: "How to Buy Happiness".

Mike Dickson: "What Is Enough?".

Mundano: "Trash Cart Superheroes".

Nicholas Christakis: "The Hidden Influence of Social Networks".

Orly Wahba: "Making Kindness Viral".

Peter Singer: "The Why and How of Effective Altruism".

Priya Parker: "3 Steps to Turn Everyday Get-togethers into Transformative Gatherings".

Sara Lomelin: "Your Invitation to Disrupt Philanthropy".

PODCASTS

Changed My Mind. Locução de Alex Chesterfield, Laura Osbourne e Ali Goldsworthy.

Sounds Good with Branden Harvey. Locução de Branden Harvey.

What Could Go Right? Locução de Zachary Karabell e Emma Varvaloucas.

Conversations with People Who Hate Me. Locução de Dylan Marron.

Giving with Impact. Locução de Michael Gordon Voss. O episódio "Giving Circles for Greater Community Impact" é particularmente recomendado.

FILANTROPIA E VIDA GENEROSA

O Giving What We Can é um órgão de pesquisa que orienta os doadores sobre as instituições de caridade mais eficazes: www.givingwhatwecan.org.

A Give Well pesquisa excelentes oportunidades de doação para que os doadores causem o máximo de impacto: www.givewell.org.

O Audacious Project identifica ideias ousadas, mas confiáveis, para apoio colaborativo: www.audaciousproject.org.

A Giving Tuesday é um movimento global e sem fins lucrativos que inspirou centenas de milhões de pessoas a serem generosas na terça-feira após o Dia de Ação de Graças: www.givingtuesday.org.

A Give Directly é uma organização sem fins lucrativos que permite que os doadores transfiram dinheiro diretamente para as famílias mais pobres ao redor do mundo: www.givedirectly.org.

A Acumen é uma comunidade global que financia empresas com "capital paciente", tirando milhões de pessoas da pobreza nos países em desenvolvimento: www.acumen.org.

A Life Vest Inside, fundada pelo palestrante do TED Orly Wahba, é uma organização sem fins lucrativos "dedicada a inspirar, capacitar e educar pessoas de todas as origens para que levem uma vida de bondade": www.lifevestinside.com.

O site What Is a Giving Circle? (criado pela Philanthropy Together) é um guia divertido e informativo sobre como iniciar um círculo de doações e por que você deve fazê-lo: www.whatisagivingcircle.com.

A Grapevine é uma organização que oferece infraestrutura digital gratuita para que grupos criem seu próprio círculo de doações: www.grapevine.org.

A Every é uma organização que oferece infraestrutura digital de arrecadação de fundos para instituições beneficentes de todos os tamanhos: www.every.org.

JORNALISMO VOLTADO PARA AS SOLUÇÕES

O Future Crunch é um centro de tendências globais positivas baseadas em dados, com uma inspiradora newsletter semanal de histórias para assinantes: www. futurecrunch.com.

O site Reasons to Be Cheerful foi fundado pelo músico David Byrne e reúne "soluções inteligentes, comprovadas e replicáveis para os problemas mais urgentes do mundo": www.reasonstobecheerful.world.

A *Positive News* é uma revista impressa e on-line de uma cooperativa que "junta os pontos em relação a como as pessoas, comunidades e organizações estão mudando o mundo para melhor": www.positive.news.

A GOOD Worldwide é uma empresa com certificado B-Corp de impacto social com foco no progresso humano, com uma audiência de 150 milhões. Ela tem dois ramos principais de mídia: a Upworthy, que oferece inspiração para você se sentir bem, enquanto a GOOD apresenta análises e relatórios detalhados: www.goodinc.com.

PONTES E HOSPITALIDADE

A organização Living Room Conversations publicou centenas de guias gratuitos para ajudar a reunir as pessoas em torno de questões controversas: www.livingroomconversations.org/topics.

A organização Braver Angels oferece um curso eletrônico gratuito sobre como se conectar a outras pessoas on-line de forma respeitosa: www.braverangels.org/online-skills-for-social-media.

O Big Lunch é uma reunião anual de comunidades globais, que gera novas conexões, celebra a vida em comunidade e ajuda as pessoas a realizar mudanças no lugar onde vivem: www.edenproject.com/mission/our-projects/the-big-lunch.

A StoryCorps é uma organização dedicada a compartilhar histórias de pessoas "a fim de criar conexões... e um mundo mais justo e compassivo": www.storycorps.org.

A We Are Weavers, fundada pelo palestrante do TED David Brooks, apoia uma filosofia de "relacionamentos profundos e sucesso comunitário" em detrimento das conquistas individuais: www.weareweavers.org.

A campanha "Let's F***ing Talk to Each Other" da BridgeUSA se concentra no combate à polarização nos campi universitários e fora deles: www.bridgeusa.org/lets-f-ing-talk.

NOTAS

INTRODUÇÃO

1. DAVIES, Jim. "We Aren't Selfish After All", *Nautilus*, 29 abr. 2020. Disponível em: https://nautil.us/we-arent-selfish-after-all-237799.

2. Usuário do Reddit T6900. "R/Humans Beingbros-Random Downpour in DC, This Guy Jumps Out of His Car to Share an Umbrella with a Couple Down on Their Luck", Reddit, 2022. Disponível em: www.reddit.com/r/HumansBeingBros/comments/u57grb/akist.

I. POR DENTRO DE UM CONTÁGIO

1. "TED Translators", TED, 2023. Disponível em: www.ted.com/about/programs-initiatives/ted-translators.

2. MERCHANT, Nilofer. "When TED Lost Control of Its Crowd", *Harvard Business Review*, abr. 2013. Disponível em: https://hbr.org/2013/04/when-ted-lost-control-of-its-crowd.

3. Dados disponíveis em: www.joshtalks.com/josh-talks/.

4. ROBINSON, Ken. "Do Schools Kill Creativity?", TED, 2006. Disponível em: www.ted.com/talks/sir_ken_robinson_do_schools_kill_creativity.

2. A ALDEIA INFINITA

1. CORBLEY, Andy. "Wildlife Sound Recordist Releases Treasured Audio Collection for Free-to Awe and Inspire the World", *Good News Network*, 23 fev. 2022. Disponível em: www.goodnewsnetwork.org/200-of-martyn-stewart-sound-records-are-available-for-free-on-soundcloud.

2. "Conversation Topics", Living Room Conversations, 2023. Disponível em: https://livingroomconversations.org/topics/.

3. KREPS, Daniel. "Run the Jewels to Make New Album 'Free for Anyone Who Wants Some Music'", *Rolling Stone*, 31 maio 2020. Disponível em: www.rollingstone.com/music/music-news/run-the-jewels-4-free-1008096.

4. ARTHUS-BERTRAND, Yann. "A Wide-Angle View of Fragile Earth", TED, 2009. Disponível em: www.ted.com/talks/yann_arthus_bertrand_a_wide_angle_view_of_fragile_earth.

5. HUMAN THE MOVIE. "HUMAN The Movie (Director's Cut Version)", YouTube, 14 abr. 2020. Disponível em: www.youtube.com/watch?v=fC5qucSk18w.

6. MULROY, Clare. "Spotify Pays Artists (Sort of), But Not per Stream. Here's How It Breaks Down", *USA Today*, 22 out. 2022. Disponível em: https://eu.usatoday.com/story/life/2022/10/22/how-much-per-spotify-stream/8094437001.

7. Entrevista de Matthew Burrows por Kate Honey, 5 maio 2022.

8. "A história do Patreon", Patreon, 2023. Disponível em: www.patreon.com/about.

9. KESSENIDES, Dimitra. "Robert Smith Pays Off Student Loans at Morehouse College", *Bloomberg News*, 14 dez. 2019. Disponível em: www.bloomberg.com/news/articles/2019-12-04/robert-smith-pays-off-student-loans-at-morehouse-college.

10. RONSON, Jon. "When Online Shaming Goes too Far", TED, 20 jul. 2015. Disponível em: www.ted.com/talks/jon_ronson_when_online.

11. BOTTON, Alain de. "Atheism 2.0", TED, 2011. Disponível em: www.ted.com/talks/alain_de_botton_atheism_2_0.

3. GENEROSIDADE IMPERFEITA

1. BAKER, Wayne E. & BULKLEY, Nathaniel. "Paying It Forward vs. Rewarding Reputation: Mechanisms of Generalized Reciprocity", *Organization Science*, v. 25, n. 5, out. 2014, pp. 1.493-510. Disponível em: https://doi.org/10.1287/orsc.2014.0920.

2. GIBSON, Kate. "It Takes 300 Worker Salaries to Equal the Average CEO's Pay, Data Show", *CBS News*, 14 jul. 2021. Disponível em: www.cbsnews.com/news/ceo-pay-300-worker-salaries-compensation.

3. CREDIT SUISSE RESEARCH INSTITUTE, *Global Wealth Databook 2022*, Credit Suisse, 2022. Disponível em: www.credit-suisse.com/media/assets/corporate/docs/about-us/research/publications/global-wealth--databook-2022.pdf.

4. PIKETTY, Thomas. *Capital in the Twenty-First Century*. Cambridge, MA: Harvard University Press, 2014, pp. 519-27. [Ed. bras. *O capital no século XXI*, trad. Monica Baumgarten de Bolle. Rio de Janeiro: Intrínseca, 2014.]

5. PETERSON-WITHORN, Chase. "Forbes' 36th Annual World's Billionaires List: Facts and Figures 2022", *Forbes*, 5 abr. 2022. Disponível em: www.forbes.com/sites/chasewithorn/2022/04/05/forbes-36th-annual-worlds-billionaires-list-facts-and-figures-2022.

6. SANDLER, Rachel. "The Forbes Philanthropy Score 2022: How Charitable Are the Richest Americans?", *Forbes*, 27 set. 2022. Disponível em: www.forbes.com/sites/rachelsandler/2022/09/27/the-forbes-philanthropy-score-2022-how-charitable-are-the-richest-americans/?sh=-6d0efebfa098.

4. SUPERPODERES SECRETOS

1. MISHRA, Sudeept. "Bhopal Braveheart Dives Under Moving Train to Save Girl, Heroism Caught on Camera", *Times of India*, 11 fev. 2022.

Disponível em: https://timesofindia.indiatimes.com/city/bhopal/bhopal-braveheart-dives-under-moving-train-to-save-girl-heroism-caught-on-camera/articleshow/89515582.cms.

2. GAERTNER, Samuel L. & DOVIDIO, John F. "The Common Ingroup Identity Model", em VAN LANGE, Paul A. M.; KRUGLANSKI, Arie W. & HIGGINS, E. Tory (ed.), *Handbook of Theories of Social Psychology*, v. 2. Thousand Oaks: Sage Publications, 2012, pp. 439-57.

3. HAMMOND, Claudia. "Does Reading Fiction Make Us Better People?", *BBC*, 3 jun. 2019. Disponível em: www.bbc.com/future/article/20190523-does-reading-fiction-make-us-better-people.

4. HAIDT, Jonathan. "Wired to Be Inspired", Greater Good, 1º mar. 2005. Disponível em: https://greatergood.berkeley.edu/article/item/wired_to_be_inspired.

5. KAHNEMAN, Daniel. *Thinking, Fast and Slow*. Londres: Penguin, 2012, pp. 20-30. [Ed. bras. *Rápido e devagar: duas formas de pensar*, trad. Cássio de Arantes Leite. São Paulo: Objetiva, 2012.]

6. Dados da Gallup World Poll 2013. Disponível em: www.gallup.com/analytics/349487/gallup-global-happiness-center.aspx. (Acesso restrito.)

7. DUNN, Elizabeth. "Helping Others Makes Us Happier — But It Matters How We Do It", TED, 2019. Disponível em: https://www.ted.com/talks/elizabeth_dunn_helping_others_makes_us_happier_but_it_matters_how_we_do_it.

8. O'BRIEN, Ed & KASSIRER, Samantha. "People Are Slow to Adapt to the Warm Glow of Giving", *Psychological Science*, v. 30, n. 2, 2019, pp. 193-204.

5. EXPERIMENTO MISTERIOSO

1. DWYER, Ryan J. & DUNN, Elizabeth W. "Wealth Distribution Promotes Happiness", *Proceedings of the National Academy of Sciences*, v. 119, n. 46, pp. 2-3, 2022.

PAUSA PARA A GRATIDÃO

1. HARRIS, Dan. "The Benefits of Not Being a Jerk to Yourself", TED, 2022. Disponível em: www.ted.com/talks/dan_harris_the_benefits_of_not_being_a_jerk_to_yourself.

2. STEINDL-RAST, David. "Gratitude | Louie Schwartzberg | TEDxSF", YouTube, 11 jun. 2011. Disponível em: www.youtube.com/watch?v=gXDMoiEkyuQ.

6. SEIS MANEIRAS DE DOAR QUE NÃO TÊM A VER COM DINHEIRO

1. COOMBES, Joshua. *Do Something for Nothing: Seeing Beneath the Surface of Homelessness, Through the Simple Act of a Haircut*. Londres: Murdoch Books, 2021, p. 10.

2. A conta do Instagram @joshuacoombes tinha 156 mil seguidores em junho de 2023.

3. COOMBES, J. *Do Something for Nothing*, p. 106.

4. Ibid., p. 219.

5. MARRON, Dylan. *Conversations with People Who Hate Me: 12 Things I Learned from Talking to Internet Strangers*. Nova York: Atria Books, 2022. [E-book.]

6. Ibid.

7. MARRON, D. "Empathy Is Not Endorsement", TED, 2018. Disponível em: www.ted.com/talks/dylan_marron_empathy_is_not_endorsement.

8. Ibid.

9. Podcast Changed My Mind, "Becoming Friends with Your Arch Enemy with Leah Garcés", jun. 2020. Disponível em: https://open.spotify.com/episode/76PewtrQrdD3MGzS0z15gV?si=826a6812%20692247e2.

10. MILLER, Carl. "Taiwan's Crowdsourced Democracy Shows Us How to Fix Social Media", Reasons to Be Cheerful, 27 set. 2020. Disponível em: https://wearenotdivided.reasonstobecheerful.world/taiwan-g0v-hackers-technology-digital-democracy.

11. Estatística do canal da Khan Academy no YouTube. Disponível em: www.youtube.com/@khanacademy.

12. DUNN, Elizabeth. "Helping Others Makes Us Happier — But It Matters How We Do It", TED, 2019. Disponível em: www.ted.com/talks/elizabeth_dunn_helping_others_makes_us_happier_but_it_matters_how_we_do_it.

13. ONUBEDO, Orahachi. "Under the Hoodie-Ada Nduka Oyom, DevRel Ecosystem Community Manager with Google", BenjaminDada, 20 jul. 2021. Disponível em: www.benjamindada.com/under-the-hoodie-ada-nduka-oyom.

14. Estatística do site She Code Africa. Disponível em: https://shecodeafrica.org/.

15. STEWART, Rory. "Books: 'The Places in Between'", *Washington Post*, 10 ago. 2006. Disponível em: www.washingtonpost.com/wpdyn/content/discussion/2006/08/03/DI2006080300716.html.

16. BROWN, Donald. *Human Universals*. Nova York: McGraw-Hill, 1991.

17. TREBAY, Guy. "Guess Who Isn't Coming to Dinner", *New York Times*, 28 nov. 2012. Disponível em: www.nytimes.com/2012/11/29/fashion/saving-the-endangered-dinner-party.html.

18. TEDX TALKS. "From Broken to Whole: Lily Yeh at TEDxCornellU", YouTube, 20 dez. 2013. Disponível em: www.youtube.com/watch?v=fVCXF6PN0g4.

19. "An Artist Is Creating a Rainbow Square in Gloucester", BBC, 13 maio 2022. Disponível em: www.bbc.co.uk/news/uk-england-gloucestershire-61421731.

20. PHILLIPS, Ian. "France's Answer to Banksy: The Anonymous Street Artist Filling Potholes with Colourful Mosaics", *Guardian*, 11 set. 2022. Disponível em: www.theguardian.com/artanddesign/2022/sep/11/frances-answer-to-banksy-the-anonymous-street-artist-filling-potholes-with-colourful-mosaics.

21. SINGFORHOPE. "The Sing for Hope Pianos on CBS Sunday Morning", YouTube, 3 fev. 2022. Disponível em: www.youtube.com/watch?v=2kGLILDaeK0&t=1s.

22. LILA, Muhammad. "During Italy's quarantine [...]", Twitter, 14 mar. 2020. Disponível em: https://twitter.com/muhammadlila/status/1238671011698151427?s=21.

23. HASHIM, Asad. "Pakistan Musicians Fill Silence in Former Taliban Stronghold", *Al Jazeera*, 28 fev. 2018. Disponível em: www.aljazeera.com/features/2018/2/28/pakistan-musicians-fill-silence-in-former-taliban-stronghold.

7. CATALISADORES DE CONTÁGIO

1. HUNT, Elle. "'They Filmed Me Without My Consent': The Ugly Side of #Kindness Videos", *Guardian*, 31 jan. 2023. Disponível em: www.theguardian.com/technology/2023/jan/31/they-filmed-me-without-my-consent-the-ugly-side-of-kindness-videos.

2. MRBEAST. "Twitter-rich people should help others [...]", Twitter, 30 jan. 2023. Disponível em: https://twitter.com/MrBeast/status/1620195967008907264.

3. WAKE, Heather. "The Way These 'Samurai Litter Pickers' Clean the Streets Is Kinda the Coolest Thing Ever", *Upworthy*, 2 jul. 2022. Disponível em: www.upworthy.com/samurai-litter-pickers-japan.

4. MUNDANO. "Trash Cart Superheroes", TED, 2014. Disponível em: www.ted.com/talks/mundano_trash_cart_superheroes.

5. CABALLERO, Mara Cristina. "Academic Turns City into a Social Experiment", *Harvard Gazette*, 11 mar. 2004. Disponível em: https://news.harvard.edu/gazette/story/2004/03/academic-turns-city-into-a-social-experiment.

6. Ibid.

7. Poderiam ter feito mais? Alguns críticos acham que a ação causou mais alarde do que frutos, mas, no fim das contas, o desafio do balde da ELA arrecadou mais de cem milhões de dólares e disseminou a conscientização sobre a situação dos portadores de ELA em grande escala. Eu sempre vou preferir esse tipo de generosidade contagiante "não tão perfeita" a qualquer meme ("Ice Bucket Challenge Dramatically Accelerated the Fight Against ALS", ALS

Association, 4 jun. 2019. Disponível em: www.als.org/stories-news/ice-bucket-challenge-dramatically-accelerated-fight-against-als.)

8. "About Us — Financials", Movember, 2022. Disponível em: https://us.movember.com/about/money.

9. SIMON, Mallory & SIDNER, Sara. "What Happened When a Klansman Met a Black Man in Charlottesville", CNN, 16 jul. 2020. Disponível em: https://edition.cnn.com/2017/12/15/us/charlottesville-klansman-black-man-meeting/index.html.

10. TEDX TALKS. "Why I, As a Black Man, Attend KKK Rallies | Daryl Davis | TEDxNaperville", YouTube, 8 dez. 2017. Disponível em: www.youtube.com/watch?v=ORp3q1Oaezw.

11. "Mamoudou Gassama: Mali 'Spiderman' Becomes French Citizen", BBC, 13 set. 2018. Disponível em: www.bbc.co.uk/news/world-europe-45507663.

12. KALE, Sirin. "'He's a Hero'— The Teacher Who Hand-Delivered 15,000 Free School Meals in Lockdown", *Guardian*, 13 nov. 2021. Disponível em: www.theguardian.com/lifeandstyle/2021/nov/13/hes-a-hero-the-teacher-who-hand-delivered-15000-free-school-meals-in-lockdown.

13. "Obituary: Captain Sir Tom Moore, a Hero Who Gave a Nation Hope", BBC, 2 fev. 2021. Disponível em: www.bbc.co.uk/news/uk-52726188.

14. SCHAFER, Claire. "OK Go Premiere New Song for Frontline covid-19 Workers", *Rolling Stone*, 13 maio 2020. Disponível em: www.rollingstone.com/music/music-news/ok-go-all-together-now-covid-19-998665/.

15. OK GO. "OK Go Sandbox-Behind the Scenes of #ArtTogetherNow", YouTube, 2021. Disponível em: www.youtube.com/watch?v=W0S7SA6DVfk&t=335s.

16. SAVAGE, Mark. "BTS Were the Top-Selling Act in the World Last Year", BBC, 24 fev. 2022. Disponível em: www.bbc.co.uk/news/entertainment-arts-60505910.

17. NAMJOON, Kim. "Plant Today, Save Tomorrow […]", Twitter, 8 set. 2019. Disponível em: https://twitter.com/KimNamjoonPHL/status/1170581124646457344?s=20.

18. "BTS Fans Build Forest in RM's Name as Birthday Gift", *Soompi*, 3 set. 2019. Disponível em: www.soompi.com/article/1349882wpp/bts-fans-build-forest-in-rms-name-as-birthday-gift; "'BTS Jungkook Forest No. 4' Created by Fans to Improve Biodiversity in Collaboration with the Korean Federation for Environmental Movement", AllKPop, 19 nov. 2021. Disponível em: www.allkpop.com/article/2021/11/bts--jungkook-forest-no-4-created-by-fans-to-improve-biodiversity-in-collaboration-with-the-korean-federation-for-environmental-movement.

19. Estatísticas do site da Rede Internacional de Mapeadores de Crises. Disponível em: http://crisismapping.ning.com.

20. Podcast Sounds Good. "3 Myths About Changing the World", 5 abr. 2021. Disponível em: www.goodgoodgood.co/podcast/amy-wolff-3-myths-about-changing-the-world.

21. Ibid.

8. PASSE ADIANTE

1. Correspondência por e-mail entre o autor e Steven Pinker, 3 mar. 2023.

2. ROSER, Max et al. "World Population Growth", Our World in Data, 2023. Disponível em: https://ourworldindata.org/world-population-growth.

3. ORGANIZAÇÃO MUNDIAL DA SAÚDE. "Child Mortality and Causes of Death", 2023. Disponível em: https://www.who.int/data/gho/data/themes/topics/topic-details/GHO/child-mortality-and-causes-of-death.

4. BAUMEISTER, Roy F. & BRATSLAVSKY, Ellen. "Bad Is Stronger Than Good", *Review of General Psychology*, v. 5, n. 4, 2001, pp. 323-70.

5. HOGG, Peter. "Top 10 Most Important Drugs in History", Proclinical, 18 jan. 2022. Disponível em: www.proclinical.com/blogs/2022-1/top-10-most-important-drugs-in-history.

6. STATT, Nick. "MacKenzie Scott Has Already Donated Nearly $1.7 Billion of Her Amazon Wealth Since Divorcing Jeff Bezos", *The Verge*, 28 jul. 2020. Disponível em: www.theverge.com/2020/7/28/21345440/mackenzie-scott-jeff-bezos-amazon-wealth-donation-philanthropy.

7. SCOTT, MacKenzie. "No Dollar Signs This Time", *Yield Giving*, 8 dez. 2021. Disponível em: https://yieldgiving.com/essays/no-dollar-signs-this-time.

9. E O DINHEIRO?

1. BERES, Derek. "Idiot Compassion and Mindfulness", Big Think, 30 out. 2013. Disponível em: https://bigthink.com/articles/idiot-compassion-and-mindfulness/.

2. FRAKT, Austin. "Putting a Dollar Value on Life? Governments Already Do", *New York Times*, 11 maio 2020. Disponível em: www.nytimes.com/2020/05/11/upshot/virus-price-human-life.html.

3. "How We Produce Impact Estimates",GiveWell, abr. 2023. Disponível em: www.givewell.org/impact-estimates.

4. "KickStart MoneyMaker Hip Pump", Engineering for Change, 2023. Disponível em: https://www.engineeringforchange.org/solutions/product/moneymaker-hip-pump/.

5. KICKSTART. "2022 Annual Report", 3 jun. 2023. Disponível em: https://kickstart.org/wp-content/uploads/2023/06/2022_KickStart-Annual-Report-1.pdf.

6. BROWN, David W. "A Security Camera for the Planet", *New Yorker*, 28 abr. 2023. Disponível em: www.newyorker.com/news/annals-of-climate-action/a-security-camera-for-the-planet.

7. HUSAIN, Safeena. "A Bold Plan to Empower 1.6 Million Out-of-school Girls in India", TED, 2019. Disponível em: www.ted.com/talks/safeena_husain_a_bold_plan_to_empower_1_6_million_out_of_school_girls_in_india.

8. "Lighting the Way: Roadmaps to Exits in Off-Grid Energy", *Acumen*, 2019. Disponível em: https://acumen.org/wp-content/uploads/Acumen-Exits-Off-Grid-Energy-Report.pdf.

9. RENTERIA, Amanda. "A Bold Plan to Transform Access to the US", TED, 2022. Disponível em: www.ted.com/talks/amanda_renteria_a_bold_plan_to_transform_access_to_the_us_social_safety_net.

10. Ibid.

11. Ibid.

12. PANJABI, Raj. "No One Should Die Because They Live too Far from a Doctor", TED, 2017. Disponível em: www.ted.com/talks/raj_panjabi_no_one_should_die_because_they_live_too_far_from_a_doctor/transcript.

13. "A história do Patreon", Patreon, 2023. Disponível em: www.patreon.com/about.

14. "Unleashing Generosity Globally: 2022 Impact Report", GivingTuesday, 2023. Disponível em: https://issuu.com/givingtues/docs/2022_givingtuesdayimpactreportfinal.

15. Com base na correspondência por e-mail com a GivingTuesday.

10. A INTERNET QUE DESEJAMOS

1. SCHWARTZ, Peter & LEYDEN, Peter. "The Long Boom: A History of the Future, 1980-2020", *Wired*, 1º jul. 1997. Disponível em: www.wired.com/1997/07/longboom.

2. ANDERSON, Chris. "How Web Video Powers Global Innovation", TED, 2010. Disponível em: www.ted.com/talks/chris_anderson_how_web_video_powers_global_innovation.

3. MCNAMEE, Roger. "How Facebook and Google Threaten Public Health and Democracy", *Guardian*, 11 nov. 2017. Disponível em: www.theguardian.com/commentisfree/2017/nov/11/facebook-google-public-health-democracy.

4. BOSTRON, Nick. "What Happens When Our Computers Get Smarter than We Are?", TED, 2015. Disponível em: www.ted.com/talks/nick_bostrom_what_happens_when_our_computers_get_smarter_than_we_are.

5. HARRIS, Tristan. "How a Handful of Tech Companies Control Billions of Minds Every Day", TED, 2017. Disponível em: www.ted.com/talks/tristan_harris_how_a_handful_of_tech_companies_control_billions_of_minds_every_day.

6. LANIER, Jaron. "How We Need to Remake the Internet", TED, 2018. Disponível em: https://www.ted.com/talks/jaron_lanier_how_we_need_to_remake_the_internet.

7. CADWALLADR, Carole. "Facebook's Role in Brexit — and the Threat to Democracy", TED, 2019. Disponível em: www.ted.com/talks/carole_cadwalladr_facebook_s_role_in_brexit_and_the_threat_to_democracy.

8. MOHSIN, Maryam. "10 Google Search Statistics You Need to Know", Oberlo (blog), 13 jan. 2023. Disponível em: www.oberlo.com; DIZIKES, Peter. "Why Social Media Has Changed the World-and How to Fix It", MIT News, 24 set. 2020. Disponível em: https://web.mit.edu/; SINGH, Manish. "WhatsApp Is Now Delivering Roughly 100 Billion Messages a Day", TechCrunch, 30 out. 2020. Disponível em: https://techcrunch.com/2020/10/29/whatsapp-is-now-delivering-roughly-100-billion-messages-a-day/.

9. "How Long Do Brits Spend Scrolling Through Their Phones?", Lenstore, 11 jan. 2022. Disponível em: www.lenstore.co.uk/eyecare/how-long-do-brits-spend-on-their-phones.

10. WILLIAMS, Matthew. *A ciência do ódio: a jornada de um cientista para compreender a origem dos preconceitos e da violência que ameaçam o futuro da sociedade humana*, trad. Marcelo Barbão. Rio de Janeiro: Globo Livros, 2021.

11. Ibid.

12. Ibid.

13. CASTILLO, Michelle. "Facebook Plunges More Than 24 Percent on Revenue Miss and Projected Slowdown", CNBC, 25 jul. 2018. Disponível em: www.cnbc.com/2018/07/25/facebook-earnings-q2-2018.html.

14. MUSK, Elon. "New Twitter will strive…", Twitter, 30 dez. 2022. Disponível em: https://twitter.com/elonmusk/status/1608663342956302337.

15. "China: Children Given Daily Time Limit on Douyin-Its Version of TikTok", BBC, 20 set. 2021. Disponível em: www.bbc.co.uk/news/technology-58625934.

16. RUSSELL, Stuart. "3 Principles for Creating safer AI", TED, 2017. Disponível em: www.ted.com/talks/stuart_russell_3_principles_for_creating_safer_ai.

11. A BRILHANTE MEDIDA QUE AS EMPRESAS PODERIAM ADOTAR

1. SNABE, Jim Hagemann. "Dreams and Details for a Decarbonized Future", TED, 2022. Disponível em: www.ted.com/talks/jim_hagemann_snabe_dreams_and_details_for_a_decarbonized_future.

2. Ibid.

3. THIELMAN, Sam. "Chobani Millionaires: Employees Could Split 10% of Yogurt Company Windfall", *Guardian*, 26 abr. 2016. Disponível em: www.theguardian.com/business/2016/apr/26/chobani-employee-shares-yogurt-public.

4. JOHNSTONE, Matthew. "Chobani IPO: What You Need to Know", Investopedia, 18 nov. 2021. Disponível em: www.investopedia.com/chobani-ipo-what-you-need-to-know-5210079.

5. ULUKAYA, Hamdi. "The Anti-CEO Playbook", TED, 2019. Disponível em: www.ted.com/talks/hamdi_ulukaya_the_anti_ceo_playbook.

6. ARMSTRONG, Martin. "The Size of the Company 'Given Away' to Save the Planet", *Statista*, 15 set. 2022. Disponível em: www.statista.com/chart/28257/patagonia-inc-revenue-company-db; "The Top 15 Coolest Clothing Brands According to Gen Z and Milennials", *YPulse*, 18 ago. 2022. Disponível em: www.ypulse.com/article/2022/08/18/the-top-15-coolest-clothing-brands-according-to-gen-z-and-millennials/.

12. O VERDADEIRO POTENCIAL DA FILANTROPIA

1. Dados de companiesmarketcap.com. Disponível em: https://companiesmarketcap.com/tech/largest-tech-companies-by-market-cap/.

2. "More Than $1B Catalyzed for 2023 Audacious Projects", TEDBlog, 27 abr. 2023. Disponível em: https://blog.ted.com/2023-audacious-projects/.

13. O COMPROMISSO QUE PODE MUDAR TUDO

1. "Our Top Charities", GiveWell, dez. 2022. Disponível em: www.givewell.org/charities/top-charities.

2. É claro que há uma diferença entre uma estratégia e um plano operacional real. Como qualquer um que já trabalhou para mudar qualquer sistema sabe, mesmo havendo dinheiro por trás, é extremamente difícil ser eficaz. O objetivo aqui é simplesmente mostrar a escala do que poderíamos sonhar em alcançar de maneira legítima.

14. É COM VOCÊ

1. Todas as publicações da página da Kindness Pandemic no Facebook. Disponível em: www.facebook.com/groups/515507852491119.

Este livro, composto na fonte Fairfield,
foi impresso em papel Lux Cream 60g/m² na Coan.
Tubarão, setembro de 2024.